— **TWISDOMS** de Mike Murdock —

TW17 5 Provas de Amor:
1) Disponibilidade Para *Ouvir*
2) *Busca* Constante
3) *Paixão* Por #Agradar
4) *Desejo* de Proteger
5) *Opor-se* À Traição.
#drMM

TW18 TODO HOMEM... Tem Um #Rei E Um #Tolo Dentro de Si; Responde Aquele À Quem Você Se Dirige.
#drMM

TW19 Alguém Que Você #Confia... Pode Estar Confiando Em Alguém Que Você Não O Faria.
#drMM

TW20 As 3 Maneiras de Conhecer Alguém:
1) *Contrate...*
2) #*Case-se...* Ou
3) Diga-lhe *"Não."*
#drMM

TW21 Sua #Mente É O Jardim de Sua Vida. Você É O Jardineiro Que *Planta* As Flores... *Retira* As Ervas Daninhas... *Mata*

www.twitter.com/DrMikeMurdock

— O MANUAL DOS TWEETEIROS —

As Cobras / É Aí Que *Crescem* Os Seus Frutos.
#drMM

TW22 O #ESPÍRITO SANTO... É A Única Pessoa Capaz de Estar *Satisfeita* Com Você. Ele Se Sente *Confortável* Com Sua História E Não Requer Explicações.
#drMM

TW23 NÃO TENHA PRESSA... de Deixar O #Momento Presente, Você Levou Uma Vida Inteira Para Chegar Aqui.
Extraído do Meu Livro, *The Unhurried Life.*
#drMM

TW24 FIQUE MAIS UM POUCO... No #Momento Presente, Este É O #Futuro Que Você Tem Falado Às Pessoas Por Anos.
Se D-e-l-e-i-t-e Nele.
#drMM

TW25 Se Você Chegar Onde Você Está Indo... *Onde Você Chegará..??*
#drMM

TW26 O QUE É PRECISO PARA... *Parar Você..??*
#drMM

www.twitter.com/DrMikeMurdock

Porque Escrevi Esse Livro

A *Vida É Cheia de "Primeiras" Emoções*. Esse é o primeiro volume de "O Manual dos Twitteiros". Esse livro será preenchido com muitos dos "Tweets" da minha conta no Twitter. Desde que eu comecei a "Twittar", eu descobri uma nova maneira para compartilhar centenas de minhas Chaves de Sabedoria. Eu nunca sei quando o Espírito Santo vai trazer esses pensamentos inspiradores à minha mente. Então, durante minha agenda muito ocupada, eu simplesmente "Tweeto" para os meus amigos ao redor do mundo.

O "Twitter" é um poderoso serviço de rede social que você pode usar para enviar e receber mensagens conhecidas como "Tweets" aos seus amigos ou qualquer pessoa interessada em saber o que você está fazendo ou tem a dizer.

"Twittar" tem sido um meio fenomenal para expressar minha mensagem para centenas e milhares que querem me seguir. Eu posso estar esperando um vôo internacional no Rio de Janeiro, Brasil, no outro minuto, em um pequeno almoço com um dos meus queridos amigos, prestes a entrar no ar para o Teleton. Posso estar em outro país, na próxima já estar em casa ou sentado em meu escritório à meia noite.

Eu posso estar em mil lugares e estar "Twittando". Os TWISDOM KEYS (ou Twitters de Sabedoria) estão constantemente vindo à minha mente e eu os compartilho diretamente do meu

— O MANUAL DOS TWEETEIROS —

coração... "Twitter" é a prova de que... Deus pode trazer qualquer um em sua vida em 24 horas. Eu sei que você vai ser inspirado e direcionado... se você permitir que essas Twisdom Keys *entrem* em sua *mente* e em sua vida.
É por isso que escrevi esse livro.

Mike Murdock

A menos que haja alguma indicação, todos os versículos foram extraídos das Bíblias Almeida Corrigida Fiel e NVI.
O Manual Dos Tweeteiros, Volume 1
ISBN 10: 1-56394-445-6 /ISBN 13: 978-1563944451 / PB-297
Copyright 2010 by **MIKE MURDOCK**
Editora: Deborah Murdock Johnson
Tradução: Mayra Siqueira
Todos os direitos de publicação pertencem à Wisdom International.
Publicado por The Wisdom Center · 4051 Denton Hwy. - Ft. Worth, Texas, USA 76117 · 1-817-759-0300
Você Vai Amar Nosso Website..! www.WisdomOnline.com
Impresso nos Estados Unidos da América. Todos os direitos reservados pela lei Internacional de Direitos Autorais. A capa e/ou o conteúdo não pode ser reproduzidos em total nem em parte em nenhuma forma sem o consentimento por escrito do Editor.

— **TWISDOMS** de Mike Murdock —

TW1 Meus #Pensamentos: Honra... É A #Semente Que Floresce Em *Todo* Ambiente. Então, Eu Quero Que O Espírito Me Ajude Dominar A "Lei de Honra". Isso Resolve 90% dos Problemas.
#drMM

TW2 A Vontade de Deus... Não Uma #DECISÃO Divina. Ele Quer Você Salvo, Mas Isso Não É Decisão Dele. É A SUA. #Deus Nunca Toma As SUAS Decisões.
#drMM

TW3 Como Discernir O Caráter dos Outros:
1) Descubra A Voz Que Eles #Confiam...
2) O Herói Que Mais *Admiram*...
3) O Conselho de Quem Eles #Honram.
#drMM

TW4 CONVERSAS:
A Única Coisa Que Deus Faz... É #Falar. Ele Governa O Seu Mundo Através de... Conversas. Conversas... Decidem Seus Sentimentos / Metas / #Estações.
#drMM

TW5 Chave Mestra: Quando Você

www.twitter.com/DrMikeMurdock

– O MANUAL DOS TWEETEIROS –

#Ensina Seus Filhos A Honrá-lo, Você *Garante* O #Favor de Deus Sobre Eles Por Toda A Vida. (Ex. 20 / Ef. 5) Seja EXCELENTE Nisso..!
#drMM

TW6 Desinteresse... É Uma #Instrução. (Jesus Disse Aos Discípulos Para #Saírem das Casas Onde Não Fossem Valorizados.) #Semeie A Sua Presença *Cuidadosamente*.
#drMM

TW7 #PRESENÇA... É Uma #Semente. Avalie As *Reações* do "Solo" (#Ambiente) Que Você Entra. Você É Ignorado? Discernido? Bem Recebido? #Reações Revelam O Tipo de Percepção.
#drMM

TW8 Aqueles Que Não Progridem Ao Caminhar Comigo... Estão *Desqualificados* Para Permanecer Na Caminhada.
#drMM

TW9 A Presença *Libera*... Energia, #Honra, Culpa Ou #Medo E Armazena Uma Série de Emoções Invisível. Semeie Sua

www.twitter.com/DrMikeMurdock

— **TWISDOMS** de Mike Murdock —

Presença Cuidadosamente. *Analise* Sua #Colheita.
#drMM

TW10 #UNÇÃO REAL: Mantenha A #Postura Em Ambientes de #Desrespeito. Nunca Deixe Sua Carruagem Para Punir O Camponês Que Jogou O Tomate.
#drMM

TW11 As ESTAÇÕES da Vida NÃO São Decididas Por Deus / Dor / Tempo, Mas Pelas... Decisões... Conversas... #Aprendizado... Perda... Metas... Paixão... #Obediência... #Honra.
#drMM

TW12 #DINHEIRO... Não É Um Milagre, Nem Um Mistério. Dinheiro É Apenas Uma #Recompensa Por Resolver Um #Problema Para Alguém. #WKMM (Chaves de Sabedoria de Mike Murdock)
#drMM

TW13 PERGUNTAS: P.E.R.G.U.N.T.E. Eu Nunca Busco Respostas. Perguntas "Levam" Você Às

www.twitter.com/DrMikeMurdock

— O MANUAL DOS TWEETEIROS —

Respostas... Se Esforce... Em Fazer As Perguntas Certas.
#drMM

TW14 Se Você... Tivesse Apenas Um Ano de Vida... O Que Você Faria *Diferente*? Quem... Você Ensinaria? Amaria? #Confortaria? #Influenciaria? Perdoaria? A Forma Com Que Você Sai de Um Lugar / Situação É Muito Importante.
#drMM

TW15 Qual É O Custo Real do #Futuro Que Você #Sonha? O Que Deve Mudar Para Se *Qualificar* Para O Seu Futuro? *Preparação É A Prova da #Paixão.*
#drMM

TW16 Dinheiro Não É A "Única" Recompensa Por Resolver Um #Problema:
1) #Favor
2) Valor
3) Respeito
4) #Promoção
5) #Reconhecimento
6) #Honra.
#drMM

www.twitter.com/DrMikeMurdock

— **TWISDOMS** de Mike Murdock —

TW27 SEMENTES: As Palavras São Sementes Para Os *Sentimentos*.
#Ouvir É A Semente Para A *Aprendizagem*.
#Conhecimento É A Semente Para A *Mudança*.
#Conversa É A Semente Para O *Entendimento*.
#drMM

TW28 PERGUNTA PARA OS #SOLTEIROS: Com Quem Você Casaria Se Você Fosse *Cego*? Você *Confia* No Histórico de #Tomada de Decisão Desta Pessoa? Quais São Os Seus #Medos Acerca Desta Pessoa?

TW29 DECISÕES... Criarão O Seu *Presente*. NOVAS Decisões... Irão Criar Seu #Futuro.
#drMM

TW30 INVISTA... Onde Você Vê #Gratidão.
#drMM

TW31 O TEMPO... Não Gera Mudança. DECISÕES... Geram #Mudança.
#drMM

TW32 Desinteresse... Em #BUSCAR... Desqualifica-o... Para #RECEBER.
#drMM

www.twitter.com/DrMikeMurdock

— O MANUAL DOS TWEETEIROS —

TW33 Nunca Se Queixe do Que Você Permitir. #drMM
(Citado do Livro... *1,001 Chaves Sabedoria de Mike Murdock*... www.WisdomOnline.com)

TW34 Um Homem Não Se #Casa Com A Mulher Mais Interessante...
... Ele Se Casa Com A Mulher Que O Faça Sentir-se Bem.
#drMM

TW35 CADA #MOMENTO... Tem Sua Importância Divina. #Alegria... É A #Recompensa *Imediata* Por Discerni-los.
#drMM

TW36 Planeje Seus Prazeres... Porque #A Dor Irá Agendar-se Por Si Só.
#drMM

TW37 UMA INSTRUÇÃO... É A *Primeira* Prova de #Confiança.
#drMM

TW38 Você Nunca Atrairá... O Que Você *Precisa*. Você Nunca Atrairá... O Que Você #Ama. Você Só Vai Atrair... O Que Você #HONRAR. #drMM

www.twitter.com/DrMikeMurdock

— **TWISDOMS** de Mike Murdock —

TW39 A Qualidade da Sua Busca... Revela A *Profundidade* da Sua #Paixão.
#drMM

TW40 PAIS: Se A Sua #Presença Faz Diferença... Sua *Ausência* Faz Diferença.
#drMM

TW41 FALANDO_SOBRE_SEMENTES:
#Confissão É A Semente Para #*Misericórdia*.
#Dormir É A Semente Para #*Esperança*.
#Persistência É A Semente Para A *Oportunidade*.
#Honra É A Semente Para O *Acesso*.
#drMM

TW42 A MULHER É Para O Homem... O Que #Deus *Não* Podia Ser.
#drMM

TW43 TODO #PROBLEMA... É *Simplesmente* Um Problema de #SABEDORIA.
#drMM

TW44 As #Mães... Decidem O Que Os Filhos Se LEMBRAM.
Os #Pais... Decidem O Que Os Filhos

www.twitter.com/DrMikeMurdock

– O MANUAL DOS TWEETEIROS –

ACREDITAM.
#drMM

TW45 O Versículo Mais *Importante* Na #Bíblia É... Números 23:19.
#drMM

TW46 Adoração... Corrige O Seu *Foco*. #Foco... Decide Seus *Sentimentos*. #Sentimentos... Afetam Suas *Decisões*.
#drMM

TW47 Você Não Foi Designado... A #MUDAR Ninguém.
Você Não Foi Designado... A #ENTENDER Ninguém.
Você Foi Designado... Para #AMAR Alguém.
#drMM

TW48 Quando Você Abre A #Boca, Eu Conheço O Seu #QI.
#drMM

TW49 Muitas Vezes, #Deus Esconde Algo Que Você Precisa Desesperadamente Em Alguém Que Você Não Goste. #drMM

www.twitter.com/DrMikeMurdock

~ TWISDOMS de Mike Murdock ~

TW50 #Deus... #PROJETA Seu Futuro. Você... #DECIDE Seu Futuro.
#drMM

TW51 Alguns Falam... Para Serem Ouvidos. Outros Falam... Para Serem COMPREENDIDOS.
#drMM

TW52 UMA #EXPERIÊNCIA Com Deus... ...Não É Um #RELACIONAMENTO Com Deus.
#drMM

TW53 Tudo Foi Criado... Para #RESOLVER Um #PROBLEMA Específico. *(Olhos Vêem. Ouvidos Ouvem. Mente Pensa.)* VOCÊ É A Prova de Que Deus Viu Um Problema Que Mais Ninguém Pode Resolver, A Não Ser VOCÊ. #IDENTIFIQUE-O.
#drMM

TW54 "Twitter" É A Prova... de Que #Deus Pode Colocar Qualquer Pessoa Em Sua Vida Em 24 Horas.
#drMM

www.twitter.com/DrMikeMurdock

— O MANUAL DOS TWEETEIROS —

TW55 SUA #FRAQUEZA... Gera O #Sucesso de Alguém.
(O Mecânico Conserta O Carro Que Você Não Sabe Como.
O Intérprete Traduz A Linguagem Que Você Não Pode Falar.)
#drMM

TW56 Todo #Guerreiro... Precisa de Um *Ninho*.
#drMM

TW57 O Que Você Pode Tolerar... Você *Não* Vai Mudar.
#drMM

TW58 #Desconfiança É Muitas Vezes Uma #Semente Para A #Segurança.
#drMM

TW59 As Recompensas de Um #Inimigo:
~ Expõe O *Judas* Em Sua Vida.
~ Te Faz Atento À *Precião*.
~ Confirma A #*Lealdade* dos Verdadeiros Amigos.
#drMM

www.twitter.com/DrMikeMurdock

– TWISDOMS de Mike Murdock –

TW60 #Caos... É Quando Você #Produz *Mais Rápido* do Que Você Pode Organizar.
#drMM

TW61 SABEDORIA... É A Capacidade de *Discernir* Diferença (Em #Pessoas / Momentos / Ambientes) ...É A Capacidade de *Antecipar* Uma Consequência/ Recompensa.
#drMM

TW62 Qualquer Coisa Permitida... Aumenta.
(#Abuso / #Desrespeito / Atrasos...)
#drMM

TW63 Torne-se Experiente Em #RECEBER... Isto Decidirá O Seu #DAR.
(Como Você Recebe / Reage Aos #Presentes / Acesso / Oportunidades / Correção?)
#drMM

TW64 #SILÊNCIO... É Permissão.
#Abuso.
#Governo.
#Intimidação.
#Injustiça. #drMM

www.twitter.com/DrMikeMurdock

— O MANUAL DOS TWEETEIROS —

TW65 CÍRCULO de #PESSOAS... Que
1) Você Precisa
2) Precisam de Você
3) Motivam Você
4) Confortam Você
5) #Mentoreiam Você
6) #Confiam Em Você
7) Criticam Você
8) Se Aliam A Você
9) Exploram Você
10) Admiram Você.
#drMM

TW66 CONVERSA de #SOLTEIROS:
É *Fácil* Encontrar... Alguém *Cativante*.
O *Difícil* É Encontrar... Alguém #*Confiável*.
#drMM

TW67 Você Precisa de #Jesus Por 3 Razões
Você Precisa de...
1. #Perdão
2. #Amigo
3. #Futuro.
#drMM

TW68 #Perdão... Não Muda As PESSOAS;

— **TWISDOMS** de Mike Murdock —

O #Perdão #Muda VOCÊ.
#drMM

TW69 Um Manipulador... Se Sente Desconfortável Com A #Verdade.
#drMM

TW70 3 SINAIS de MATURIDADE...
~ Aprenda Ouvir O Ignorante Sem Responder
~ Terminar Rapidamente Com As #Amizades Erradas
~ Não Se Sinta Responsável Pelas #Decisões Dos Outros.
#drMM

TW71 #Perdão... Não Restaura #Confiança.
#drMM

TW72 #CONVERSA de #ÁGUIAS: O Espanto das #ÁGUIAS... É Ver Que As Galinhas São Tão *Satisfeitas* Com Seus Pequenos Galinheiros.
#drMM

TW73 A Instrução Para #*Perdoar*... Não

www.twitter.com/DrMikeMurdock

– O MANUAL DOS TWEETEIROS –

Era Uma Instrução Para #Confiar.
#drMM

TW74 O "TWITTER"... Cria #Humildade.
... Ele Mostra O Quão Rapidamente Você Pode Ser Substituído.
... Revela O Quão Desinteressante É Sua #Vida.
#drMM

TW75 Química... Não É #Amor.
#Desejo... Não É Amor.
#drMM

TW76 #FATOS SOBRE DEUS
Deus Não Responde À #Dor
Deus Não Responde Às #Lágrimas.
Deus Não Responde Aos Pensamentos.
Deus *Apenas* Reage À... #FÉ.
#drMM

TW77 A #Grandeza Pode Ser Discernida... Pela Sua #Reação Ao... Pequeno.
#drMM

TW78 #PESSOAS_ERRADAS:
... Podem Ficar Na Sua Vida Para Sempre

www.twitter.com/DrMikeMurdock

— **TWISDOMS** de Mike Murdock —

... Nunca Deixam A Sua Vida Voluntariamente
... Criam #Tempos de Tristeza
... Prosperam Por Causa da #Misericórdia Indevida.
#drMM

TW79 Quando #Deus Quer Te #Abençoar, Ele *Traz* Uma Pessoa Em Sua Vida.
Quando Deus Quer #Protegê-lo, Ele *Remove* Uma Pessoa da Sua Vida.
#drMM

TW80 VOCÊ SEMPRE SERÁ LEMBRADO...
Por Duas Coisas Na Vida:
1) Os #Problemas Que Você *Resolver*... Ou
2) Os Problemas Que Você *Criar*.
#drMM

TW81 CONFLITOS SÃO PROVA de QUE...
~ Alguém Está *No* Lugar Errado
~ Alguém Se *Recusa* Assumir Seu Papel
~ Alguém *Discorda* dos #Objetivos
~ Alguém *Não Compreende* A #Honra.
#drMM

TW82 Eu Conheço Sua #Sabedoria...
... Quando Eu Sei Quem Você #Honra. #drMM

www.twitter.com/DrMikeMurdock

– O MANUAL DOS TWEETEIROS –

TW83 #Energia Não É Paixão.
Energia É... O *Poder* de Mover.
Paixão É... O *Propósito* de Mover-se.
#drMM

TW84 SENTIMENTOS...
Se Eles Não São Importantes, Por Que Nós Buscamos... #Alegria... #Amor... #Paz?
#drMM

TW85 5 CÍRCULOS de #AMIGOS: Aqueles Que ...
1) Precisam de Você
2) Alimentam Você
3) Sofrem Com Você
4) Lideram Você
5) SEGUEM Você!
#drMM

TW86 #LEI_do_RECONHECIMENTO: Tudo O Que Você Deseja Já Está Em Sua #Vida... Simplesmente Aguardando Seu #Reconhecimento.
#drMM

TW87 #PAIXÃO...

www.twitter.com/DrMikeMurdock

— **TWISDOMS** de Mike Murdock —

O Que Você Não Está Disposto A Viver Sem..?
#drMM

TW88 #DESÍGNIO:
Aqueles Que Despertam Sua #Compaixão... São Aqueles A Quem Você Foi Designado.
#drMM

TW89 #MUDANÇA: Quando Você Quer Algo Que Nunca Teve... Você Deve Fazer Algo Que Nunca Fez.
#drMM

TW90 Seu #Futuro Possui Um Código de Conduta Superior Ao do Seu Presente.
#drMM

TW91 SE VOCÊ FALHAR... Será Por Causa de Quem Você Escolheu #Desonrar. Se Você Se Tornar #BEM SUCEDIDO... Será Por Causa de Quem Você Escolheu #Honrar.
#drMM

TW92 1) O #Problema Mais Próximo de Você... É A Porta Secreta Para O Seu #Futuro. (Golias / David)
2) #Problemas... São Convites À

www.twitter.com/DrMikeMurdock

– O MANUAL DOS TWEETEIROS –

Significância. #drMM

TW93 #HONRA... É A Semente Que Floresce Em Todo #Ambiente Ou Temporada. Honra *Gera* #Acesso... Aos Sábios / Relacionamento.
#drMM

TW94 O Papel Dominante da #Sabedoria...
... É Reconhecer *Quem* Se Qualifica Para HONRA.
Quando Você Aprende #Honrar...
... Você Aprendeu *O Segredo da Vida.*
#drMM

TW95 PALAVRA Aos #POLÍTICOS: Sua Atitude Em Desonrar A Deus, Por #Temer Aos Homens... É Mais Perigosa do Que Os Homens A Quem Você Teme.
#drMM

TW96 INDIGNAÇÃO É ...
... A #Semente Para A Mudança
... O Berço das #Idéias
... #Paixão Mal Direcionada
... Dica Para O Seu #Desígnio.
#drMM

www.twitter.com/DrMikeMurdock

– **TWISDOMS** de Mike Murdock –

TW97 #Problemas... Fazem Com Que Você Seja Necessário Para Outros. Problemas... Fazem Com Que Outros Se Tornem Necessários Para Você.
#drMM

TW98 O DESEJO... É Um Tirano. Torne Cada Desejo... Seu Filho, À *Espera* de Uma #*Instrução*. *O Desejo Não É Seu Mestre, Mas Seu* #*Servo*.
#drMM

TW99 Você Nunca Será Responsável Pela #Dor Daqueles Que *Ignoram* Seus #Conselhos.
#drMM

TW100 Segredos de #Jesus: Jesus Não Tentou Ajudar Ninguém... Que *Não Confiava* Nele.
#drMM

TW101 CUIDADO... Gera #Discernimento. *Pais* Cuidadosos... Discernem As Necessidades de Uma Criança. *Empregados* Cuidadosos... Discernem As Necessidades da *Organização*. #drMM

www.twitter.com/DrMikeMurdock

~ O MANUAL DOS TWEETEIROS ~

TW102 A Única Obrigação Que Deus Tem Com Você É... A #OPORTUNIDADE.
~ Para Aprender
~ Para Servir
~ Para Arrepender-se
~ Para Obedecer
~ Para Mudar
~ Para Honra
~ Para Conquistar.
#drMM

TW103 Só Um #Tolo *Ignora* Os #Desejos de Um Rei.
#drMM

TW104 A Fragrância da #Honra... É *Instantânea*. (Jonatas) O Cheiro da #Desonra... É *Consequência*. (Absalão)
#drMM

TW105 Seu #Potencial... Não É Uma #Profecia do Seu Futuro.
Seu Potencial... Não É O Seu #Destino.
Seu Potencial... São *Possibilidades*.
Ex: Satanás #drMM

www.twitter.com/DrMikeMurdock

~ 24 ~

– **TWISDOMS** de Mike Murdock –

TW106 A SUA #ALEGRIA... Revela A *Qualidade* das Suas #Decisões.
#drMM

TW107 POUCOS ENTENDERÃO ISSO...
Aprender A #Receber... É Tão Importante Quanto #Dar.
(#Acesso / Correção / Conselho)
#drMM

TW108 #ALEGRIA... É A #Recompensa Divina Por Tomar A #Decisão Certa.
#drMM

TW109 #PERGUNTA:
Qual É O Seu MAIOR #Desejo?
Qual É A *Prova* de Que Isso É Importante Para Você?
POR QUE Isso É Importante Para Você?
O Que Isto Te *Custará?*
Você Vai *Pagar* O Preço?
#drMM

TW110 #DIVÓRCIO... É Prova de Que A Primeira Impressão Não Dura Muito.
#drMM

www.twitter.com/DrMikeMurdock

— O MANUAL DOS TWEETEIROS —

TW111 ESPOSA:
Quando Você Conhece As *Memórias* Mais Dolorosas de Um Homem, Você Compreende As #*Decisões* Dele.
Quando Você Conhece Os #*Medos* Dele, Você Pode Compreender Suas #*Metas*.
#drMM

TW112 SUA #VIDA É UMA IMAGEM de:
... Suas #Decisões
... Do #Mentor Que Você Confia
... Do Que Você AMPLIA Em Sua #Mente
... Do Seu #Foco.
#drMM

TW113 MINHAS 6 ZONAS de #DESCONFORTO:
1) Pessoas Que Desperdiçam #Tempo
2) Conversa Sem #Sentido
3) Os Enganadores
4) Os Egoístas
5) Pessoas Que Se #Recusam A Aprender
6) Os Ingratos.
#drMM

TW114 CONVERSA_de_#PASTOR:
Seu #Conforto #Futuro Será Decidido Por

www.twitter.com/DrMikeMurdock

— TWISDOMS de Mike Murdock —

Quem Você Está Disposto A #Treinar Hoje.
#drMM

TW115 POSTURA... É A Capacidade de Discernir O #Ignorante Sem Reagir A Ele.
#drMM

TW116 3 COISAS QUE MUDARAM MINHA VIDA:
~ Me Apaixonar Pelo #Espírito Santo
~ Fazer 140 #Vídeos de Treinamento Para Os Meus Funcionários
~ Construir Uma #Sala de Oração (Lugar Secreto) Para O Espírito Santo.
#drMM

TW117 O Que Quer Que Esteja Faltando Em Sua #Vida, É Algo Que Você Ainda Não Valorizou. O Que Quer Que Você Esteja Tentando Viver Sem, Você Não Valoriza Ainda.
#drMM

TW118 Alguns Usam A #Fé... Para SUPORTAR A Provação.
Alguns Usam A Fé... Para ESCAPAR da Provação.

– O MANUAL DOS TWEETEIROS –

A Escolha É *Sua*. (Heb. 11)
#drMM

TW119 #SUBMISSÃO... Sem Ser #Recompensada É Um Erro. (#Casamento. #Governo. #Relacionamentos.)
#drMM

TW120 A #Lei_da_Semente Não Deve Ser Super-Ministrada, Mas O QUE... ONDE... PORQUE...
É Importante. Poucos São Ensinados A #Receber... de #Deus / Homem.
#drMM

TW121 CONVERSA_de_#SOLTEIROS:
~ O Que Lhe Inspira Hoje... Pode *Entediá-lo* Amanhã.
~ A Presença Desta Pessoa Te Faz Progredir?
~ O #Casamento Lhe Prende À #Fraqueza do Outro.
#drMM

TW122 RECOMPENSAS_do_CONHECIMENTO...
~ *Paralisa* Perdas Dolorosas / Experiências
~ *Explica* Falhas #Passadas
~ *Gera* #Prazeres

www.twitter.com/DrMikeMurdock

~ TWISDOMS de Mike Murdock ~

~ *Torna O* #Sucesso Mais Fácil / Rápido.
#drMM

TW123 CADA #RELACIONAMENTO...
Tem Um Preço... Energia... Tempo... #Foco.
Às Vezes, O Custo *É Maior* Que O Prazer.
TODO #PRAZER... Tem Um Preço.
#drMM

TW124 ESCREVA SEU PRÓPRIO LIVRO...
~ Seu Investimento Irá Verificar O Seu #Cuidado E Não A Sua #Amargura.
~ Seu Trabalho Irá Revelar Sua #Paixão / Não Sua #Atitude.
#drMM

TW125 FALANDO_AOS_#PASTORES:
Seu Desejo de Dar / Semear Não É A Minha Preocupação Número 1. Sua Habilidade Em #Receber Me Preocupa. Você Deve Ser MESTRE EM #RECEBER... PRIMEIRO.
#drMM

TW126 #DOR... É Como Nós #Discernimos O Que É Mais Importante Para Nós. (Vazio Emocional. Solidão. Físico.) #drMM

www.twitter.com/DrMikeMurdock

— O MANUAL DOS TWEETEIROS —

TW127 PARA OS NÃO DIZIMISTAS:
Não Confiar Em #Deus... Será A #Decisão *Mais Cara* de Sua Vida.
#drMM

TW128 Todo #Ambiente... Tem Um Código de Conduta Para *Entrar* Ou *Permanecer* Nele. (#Beleza Fez de Esther Uma Rainha, #Obediência A MANTEVE No Trono.)
#drMM

TW129 FAVOR... Não É Nem Um #Milagre E Nem Um Mistério.
FAVOR... É Uma Recompensa Por Agradar Alguém.
(Prazer... Favor... #Honra... #Prosperidade)
#drMM

TW130 Pare de Discutir... O Que Você Quer Que Os Outros #Esqueçam.
#drMM

TW131 #SILÊNCIO... É A #Semente Para Ser Mal-Interpertado.
#Conflito... É Causado Pela Falta de Conversação. #drMM

www.twitter.com/DrMikeMurdock

— **TWISDOMS** de Mike Murdock —

TW132 #O Futuro de Alguém Não Vai Começar... Até Que Você Chegue. Encontre Essa Pessoa.
(Jesus x A Mulher Samaritana / Elias x Viúva / 1 Reis 17.)
#drMM

TW133 PRESSA... É A #Semente Para O #Arrependimento.
ATRASO... É A Semente Para A Sua *Substituição.*
#drMM

TW134 SUA ATENÇÃO... Decide A Influência de Seus #Críticos.
Aqueles Que Têm Sua Atenção... Tornam-se Seus Mestres.
#drMM

TW135 PACIÊNCIA... É Muitas Vezes A Explicação Para Adiar Uma #Decisão.
#drMM

TW136 Aos 64 Anos de Idade... No Que Eu #Investirei Minha Vida?
... Naqueles Que #*Honram*
... Naqueles Que *Buscam*

— O MANUAL DOS TWEETEIROS —

... Naqueles Que *Mudam*.
#drMM

TW137 3 TIPOS DE #PESSOAS QUE VOCÊ NUNCA DEVE CORRIGIR:
1) Os Que Não #Amam
2) Os Que Não Ouvem
3) Os Que Não Estão Debaixo da Sua #Autoridade.
#drMM

TW138 SE #DEUS CRIOU VOCÊ... Como Você É... Por Que Você Busca *Melhorar* A Si Mesmo?
Fato: Deus Lhe Fez da Forma Com Que Você Era; Você Se TORNOU O Que Você É.
#drMM

TW139 MEUS MAIORES #ERROS:
1) Confiar Naquilo Que Não Foi Testado
2) Não Demitir O #Preguiçoso
3) Dar Instruções Pela Segunda Vez
4) Dar Coisas Aos Que Têm Lábia.
#drMM

TW140 CONVERSA_de_#PASTORES:

www.twitter.com/DrMikeMurdock

— TWISDOM Keys with Mike Murdock —

Aqueles Não Estão Dispostos A Lhe Ouvir Ensinar... Desqualificam-se Para #Aconselhamento Privado.
#drMM

TW141 CONVERSA_de_#SOLTEIROS:
~ Aqueles Que São Interessantes... Nem Sempre Estão *Interessados*.
~ Aqueles Que Estão Interessados... Nem Sempre *São Interessantes*.
#drMM

TW142 #HOMENS_SOLTEIROS:
1) Ela #Mente Ocasionalmente?
2) A HISTÓRIA Dela Inspira A Sua #Confiança?
3) Ela Se Interessa Pelos SEUS #Sonhos?
#drMM

TW143 #HOMEM_SOLTEIRO, GUARDA O TEU CORAÇÃO:
~ O Que Ela NÃO Está Dizendo?
~ Qual É "A Isca" Nessa Pescaria?
~ Ela É Interessante Ou Você Está Entediado?
#drMM

TW144 O Som da #Honra... Torna Todos

– O MANUAL DOS TWEETEIROS –

Os Outros Sons Insuportáveis.
O #Ambiente de Honra... #Cura.
#drMM

TW145 #Humor Gerlamente Esconde A #Dor... Mas Raramente A *Cura*.
#drMM

TW146 A Distância... Faz O Coração #*Vaguear*.
#drMM

TW147 SUA #IGNORÂNCIA:
... É A Única *Arma* Que #Satanás Tem.
... É O Único #*Problema* Que Você Enfrenta.
... É Mais *Destrutiva* Que #Demônios.
... *Pode* Ser Curada.
#drMM

TW148 Sua Próxima #Temporada... Está Apenas UMA Pessoa À Frente.
(Eleazar... Rebeca... Isaac)
(Rute... Noemi... Boaz)
(Davi... Golias... Realeza)
#drMM

— TWISDOMS de Mike Murdock —

TW149 RECEBER... É Ensinado Na Palavra de Deus Muito Mais do Que #Dar. Cristo / Misericórdia / Cura / Instrução. Para Aqueles Que RECEBERAM... Ele Deu. (João 1:12)
#drMM

TW150 APRENDA #RECEBER..!
~ #Instruções
~ #Oportunidades
~ #Convites
~ #Diferenças
~ #Correção
~ #Conselhos
~ #Mudanças
~ #Mentorado
#drMM

TW151 CONFUSÃO... É Uma Prova de Que Um #Enganador Está Presente.
#drMM

TW152 O Que Você Está Disposto A Abrir Mão... #Determina O Que Deus Trará A Você. (Rute Deixou Moabe / Conheceu Boaz)
#drMM

www.twitter.com/DrMikeMurdock

— O MANUAL DOS TWEETEIROS —

TW153 Sua #Semente... Mostra O Que Você Pode Fazer / Dar.
Sua #Colheita... Mostra O Que DEUS Pode Fazer / Dar.
#Receber... É Tão Importante Quanto #Dar.
#drMM

TW154 REJEIÇÃO..?
Que Você Nunca Tenha Ninguém Que #DEUS Não Lhe Deu.
#drMM

TW155 Quando As #Pessoas Erradas Deixam Sua Vida... As Coisas Erradas Deixam de Acontecer.
(A Tempestade Cessou Ao Lançarem Jonas Fora do Barco)
#drMM

TW156 Aqueles Que Não Podem Sentir Sua #Dor Nunca Vão Entender Seus #Objetivos. Aqueles Que Não Concordam Com Seus *Objetivos* Jamais Concordarão Com Suas #*Decisões.*
#drMM

TW157 A Porta de Entrada Favorita de

www.twitter.com/DrMikeMurdock

— **TWISDOMS** de Mike Murdock —

#Satanás Sempre Será Através de... Alguém *Próximo* A Você.
(Davi / Absalão.... Jesus / Judas)
#drMM

TW158 CONVERSA_de_SOLTEIROS: Um #Tolo É Alguém Que Comete Os Mesmos Erros #Repetidamente. (Pv. 26:11)
#drMM

TW159 A Conduta Que Você Permite... É A Conduta Que Você *Aprova*.
#drMM

TW160 Todos Os #Homens Caem... Só Os Grandes Se Levantam.
#drMM

TW161 Há Mais #Força Em Estar Certo... do Que Em Ser Aprovado.
#drMM

TW162 Meu ÚNICO #Desígnio... É #Amar. Porque Eu Amo...
Eu #Ensino... Escrevo... #Mentoreio... Aviso... Através da TV / Internet / Livros / Igreja...
#drMM

www.twitter.com/DrMikeMurdock

– O MANUAL DOS TWEETEIROS –

TW163 SUA ATENÇÃO... Sempre Estará Voltada Para O Que Lhe Causa Dor; A Pessoa Que Sempre Responde A Isso Se Tornará Importante Para Você.
#drMM

TW164 RECOMPENSAS da #DOR:
~ Desperta A Disponibilidade Para Ouvir.
~ Revela Quem Mais Se Importa Com Você.
~ Desperta Em Você O Desejo de Conquistar.
#drMM

TW165 PLANEJAMENTO... Torna O Seu Futuro #Gloriosamente Previsível.
#drMM

TW166 CONVERSA_de_#SOLTEIROS: Um #Beijo Não É Um #Relacionamento. Nem... É Um #Jantar Ou Uma #Conversa.
#drMM

TW167 #SEU DESEJOS... Não São #Profecias.
#drMM

TW168 MENTORADO: Você Não Pode #Mentorear Ninguém...

www.twitter.com/DrMikeMurdock

— **TWISDOMS** de Mike Murdock —

Quem Não Lhe Admire.
Você Não Pode #Aprender de Ninguém...
Que Você Não Respeita.
#drMM

TW169 O Que Quer Que Você Possa
Afastar-se... Você Dominou.
O Que Você Não Pode... Dominou Você.
(Sansão / José)
#drMM

TW170 Alguns Estão Correndo... do Seu
#PASSADO.
Alguns Estão Correndo... Para O Seu
#FUTURO.
#drMM

TW171 Os Verdadeiros #Amigos... Têm Os
Mesmos #Inimigos.
#drMM

TW172 #Amigos Proporcionam...
#*Conforto.*
#Inimigos Proporcionam... #*Recompensas.*
#drMM

www.twitter.com/DrMikeMurdock

— O MANUAL DOS TWEETEIROS —

TW173 Deus Lhe Deu Uma Família... Para #*Prepará-lo* Para Os Seus #Inimigos. Tudo Em Seu Futuro... Já Está Em Sua Casa.
(Judas / Absalão)
#drMM

TW174 Qualquer Movimento Rumo À #ORDEM... Cria #Prazer *Imediato*.
#drMM

TW175 COMO RECONHECER SEU DESÍGNIO:
~ Com A #Dor de Quem Você Se *Identifica?*
~ Os Inimigos de Quem Você Está Disposto A *Confrontar?*
~ Quem Você Deseja *Proteger?*
#drMM

TW176 3 COISAS QUE EU QUERO EM CADA AMBIENTE QUE EU ENTRAR:
1) Luz
2) Movimento
3) Som
#drMM

— **TWISDOMS** de Mike Murdock —

TW177 Se Todo Mundo É Tratado IGUAL... Como Você Recompensa #Lealdade? Competência? #Paixão? Determinação? #Fidelidade?
#drMM

TW178 O QUE QUER QUE ESTEJA FALTADO EM SUA #VIDA... É Algo Que Você Ainda Não Soube Como #Receber. (João 1:12)
#drMM

TW179 Deus Fala Com As *Famílias*... Através de Seus *Filhos*.
Deus #Fala Com A *Nação*... Através de Sua #*Economia*.
#drMM

TW180 INGRATIDÃO... É O *Primeiro* Passo Para A #Perda.
(Perda de #Acesso A Um Líder... A Perda de Emprego... Favor.)
#drMM

TW181 Ataque É A Prova... de Que #Satanás Descobriu O Seu #Futuro. #drMM

www.twitter.com/DrMikeMurdock

— O MANUAL DOS TWEETEIROS —

TW182 7 #REAÇÕES QUE REVELAM #CARÁTER:
Sua Reação A...
~ #Autoridade
~ #Correção
~ #Presentes
~ #Grandeza
~ #Oportunidade
~ #Dívida
~ #Injustiça
#drMM

TW183 FAVORITOS:
Verso: Isa. 43:2
Capítulo: Salmo 119
Livro: *1,001 Chaves de Sabedoria de Mike Murdock*
Comida: Chinesa
Autor: Sidney Sheldon
Comunicadora: Deborah Murdock Johnson
#drMM

TW184 Integridade... Torna Inferioridade *Impossível.*
#drMM

www.twitter.com/DrMikeMurdock

TW185 DESONRA... É Uma Explicação... do #Caráter, #Preconceito E Percepção.
#drMM

TW186 DESRESPEITO... É A Semente Para A #Perda. (Perda do #Acesso... Influência... Trabalho... #Credibilidade)
#drMM

TW187 UMA MULHER... Sabe Que É Difícil Seguir Um Homem Que Ela É Capaz de #Enganar.
#drMM

TW188 7 COISAS QUE UMA MULHER DEVE CONHECER SOBRE SEU HOMEM... Sua:
1) #História
2) #Fraqueza
3) #Dor
4) #Heróis
5) #Filosofia À Respeito do Dinheiro
6) #Quem Ele Honra
7) #Temor A Deus
#drMM

www.twitter.com/DrMikeMurdock

— O MANUAL DOS TWEETEIROS —

TW189 #O QUE É #DESTINO..?
Simplesmente... "O Resultado de Suas #Decisões".
#drMM

TW190 #UNIDADE... É Decidida Por UM.
#drMM

TW191 Um Homem Não #Casa Com Uma Mulher Por Sua #Beleza; Ele Se Casa Pelo Modo Com Que Se Sente Na Presença Dela.
#drMM

TW192 PENSE DUAS VEZES ANTES de SE #CASAR:
~ Se A Pessoa *Não Se Sente Confortável* Na Presença de #Deus.
~ Se A Pessoa *Nunca* Faz #Perguntas de Qualidade Sobre O Seu Desígnio.
#drMM

TW193 NINGUÉM É IGUAL...
#QI / Discernimento / Habilidades / #Sabedoria / #Oportunidade.
#SEMEIE... Naqueles Que Tem Menos.
#APRENDA... Com Aqueles Que Tem Mais.
#drMM

www.twitter.com/DrMikeMurdock

~ **TWISDOMS** de Mike Murdock ~

TW194 As Pessoas Buscam Conquistar A #Beleza; Então, Raramente A Beleza Aprende A Conquistar.
#drMM

TW195 #Beleza É Sempre Servida Primeiro; Por Isso Raramente Sabe #Servir.
#drMM

TW196 #Beleza É Sempre Admirado; Por Isso Raramente Ela Sabe #*Admirar.*
#drMM

TW197 O Que Você #Falhar Em #Vencer Acabará Por Vencê-lo.
(#Raiva... #Depressão... #Amargura... #Medo...)
#drMM

TW198 NINGUÉM... É Como Se Parece Pela *Primeira* Vez.
#drMM

TW199 CONVERSA_de_ #SOLTEIROS
~ Como Esta Pessoa Saiu do Último Relacionamento?
~ As Conversa São Sempre Stressantes?
~ Esta Pessoa É "Faminta" Por Atenção? / Deus?

www.twitter.com/DrMikeMurdock

~ 45 ~

— O MANUAL DOS TWEETEIROS —

/ Ajuda?
#drMM

TW200 COMO SOAM AS CONVERSAS:
~ Inveja?
~ Pedido de Ajuda?
~ Bondade?
~ Necessidade de Atenção?
~ #Controle?
~ #Alegria?
~ Preocupação?
~ #Servir?
~ #Amor Próprio?
#drMM

TW201 Sua Reação Ao Meu #Problema... É Um Retrato do Seu #Coração.
#drMM

TW202 A Prova do Arrependimento... É A Reposição.
(Zaqueu Pagou 4 Vezes O Que Roubou.)
#drMM

TW203 Toda #Conversa Contém Um #Doador... E Um #Recebedor. #drMM

www.twitter.com/DrMikeMurdock

— **TWISDOMS** de Mike Murdock —

TW204 A Carga da Adaptação... Está Sempre Sobre O Que Está Buscando.
#drMM

TW205 Todo #Momento Contém Uma #Diferença; O #Sábio A Encontra.
#drMM

TW206 O Que Você #Respeita... Virá Ao Seu Encontro.
(Deus... #Milagres... Sabedoria... #Finanças... Pessoas)
#drMM

TW207 3 PALAVRAS MUDARAM MINHA VIDA:
Problemas de Saúde / 4 Horas de Oração Diária.
O #Espírito Santo Me Disse: "Decisões Decidem Sua Prosperidade".
Revolucionário.
#drMM

TW208 A COISA MAIS RARA NA FACE da TERRA... É Alguém Que Realmente Se Importa. #drMM

www.twitter.com/DrMikeMurdock

– O MANUAL DOS TWEETEIROS –

TW209 O INEXPLORADO... Será Para Sempre Desconhecido.
~ Um #Relacionamento
~ Uma #Conversa
~ Uma Experiência
#drMM

TW210 PRECONCEITO... É Um Ladrão... do #Prazer, da Mudança E do Novo.
(Seja Contra Raça / Sexo / Classe / Social / Religião)
#drMM

TW211 Seu Passado, Só Aconteceu Uma Vez, Sua #Memória É O Que O Mantém Vivo.
#drMM

TW212 As #Palavras Que Você Me Diz... Explicam Como Você Me Vê.
#drMM

TW213 O Que Você Faz Acontecer Para Os Outros... #Deus Vai Fazer Acontecer Para Você. (Ef. 6:8)
(O Espírito Me Disse Isto Às 2:30 da Manhã Durante 5 Dias de Jejum / Meu Slogan) #drMM

www.twitter.com/DrMikeMurdock

— **TWISDOMS** de Mike Murdock —

TW214 Hoje Eu Colho A Minha #Colheita... da Minha #Semente de Ontem..!
#drMM

TW215 O Que Quer Que Você Ame Verdadeiramente... Acabará Por Te #Recompensar.
(Boxe / M Ali... Basketball / M Jordam)
#drMM

TW216 METAS:
Seus Objetivos Escolhem... Seus #Mentores.
Seus Objetivos Escolhem... O Que Você #Conquista.
Seus Objetivos Escolhem... O Que Você #Aprende.
#drMM

TW217 Sim... Prisão É Uma Parte da Vida, Também... Para Quem Não Pode Suprimir Ou Direcionar A Sua Raiva #Apropriadamente.
#drMM

TW218 A Diferença Nos Homens... É Revelada Pelo Tipo de Mulheres Que Eles Querem Impressionar. #drMM

www.twitter.com/DrMikeMurdock

– O MANUAL DOS TWEETEIROS –

TW219 Se Você Não Pode Ser Confiado Em... Uma Instrução...
Você Não Será Confiável Com... Seu Futuro.
#drMM

TW220 PESSOAS ERRADAS... Nunca Deixam A Sua Vida *Voluntariamente*.
(Absalão / Dalila / Amã / Corá / Jonas)
#drMM

TW221 #Submissão É... Transferir A Responsabilidade Para Outro.
#drMM

TW222 #SILÊNCIO É... Uma Arma de Controle, Uma das Favoritas Entre Os #Enganadores.
#drMM

TW223 #Ausência É... A #Semente Para A Desordem.
(Líder Distante do Seu Povo / Moisés)
(O Pai Distante de Casa)
#drMM

TW224 #DESINTERESSE... É UM SINAL

www.twitter.com/DrMikeMurdock

~ TWISDOMS de Mike Murdock ~

PARA Sair.
(Jesus – Sacode O Pó dos Vossos Pés)
#drMM

TW225 NUNCA FIQUE... Onde Há Ausência de #Favor.
#drMM

TW226 O #Problema Que Você Pode Resolver... Determina Quem Te Procura.
#drMM

TW227 #AMARGURA... É Mais Mortal Que A #Injustiça.
#drMM

TW228 O SEGREDO PARA O #SUCESSO... É Simplesmente Saber A Quem, Agradar.
(José / Daniel / Esther / Rute / Jesus)
#drMM

TW229 # SOLIDÃO... É Quando Você Se Sente Sem Importância Para Alguém Que É Importante Para Você.
#drMM

www.twitter.com/DrMikeMurdock

— O MANUAL DOS TWEETEIROS —

TW230 SE TODOS SÃO IGUAIS... de Quem Você Será Aprendiz?
#drMM

TW231 SE VOCÊ FOSSE O SEU PRÓPRIO #INIMIGO... Como Você Se Destruiria?
#drMM

TW232 Suas #Metas - Decidem O Que Você Precisa Aprender.
Sua #Humildade - Decide Qual A Velocidade Você Aprenderá.
Sua #Paixão - Decide O Preço Que Você Pagará.
#drMM

TW233 Honra É A... Atitude Para Com O Outro.
#Humildade É A... Atitude Para Com Você Mesmo.
#drMM

TW234 Às Vezes, Você Não Precisa de Um Oceano; Um Único Gole Já Satisfaz.
#drMM

www.twitter.com/DrMikeMurdock

– **TWISDOMS** de Mike Murdock –

TW235 O LUGAR #SECRETO
O Quanto Mais Eu Discuto Com O #Espírito Santo, Menos Eu Discuto Com As Pessoas.
#drMM

TW236 Sua #CURA É... Responsabilidade de Deus.
Sua #SAÚDE É... Responsabilidade Sua.
#drMM

TW237 SUAS #CRÍTICAS... Para Com As Outras Pessoas Diminuirá A #Influência Que Você Tem Sobre Elas.
#drMM

TW238 Muitas Vezes #Deus Esconde Seus Maiores Dons Em Seus Vasos Mais Imperfeitos... E Somente Os Mais Apaixonados Podem Descobrí-los.
#drMM

TW239 #INGRATIDÃO... Paralisa O #Favor.
#drMM

TW240 Você Não Consegue Ganhar Em

~ O MANUAL DOS TWEETEIROS ~

Uma Vida Toda...
O Que O #Favor Pode Te Dar Em Um Dia.
#drMM

TW241 UM PRESENTE #SURPRESA de DEUS...
Está Perto de Você... Fechado... Ainda Não Foi Aberto, Apreciado.
Você Não O Reconheceu.
Ainda!
#drMM

TW242 Quando Você Se Prepara Para #Fracassar... O Fracasso Te Encontrará.
#drMM

TW243 Quando Você Não Gosta de Um Sentimento... Substitua-o.
#drMM

TW244 Deus Ama O... N-O-V-O.
Mesmo Suas #Misericórdias São NOVAS.
TODAS As Manhãs.
Esqueça As Coisas Antigas... Eu Vou Fazer Uma Coisa NOVA.
Seja #FOCADO Nisso.
#drMM

www.twitter.com/DrMikeMurdock

– **TWISDOMS** de Mike Murdock –

TW245 CONVERSA_de_#APRENDIZ: Notícias TV... É O Mundo "Deles". Não O Seu. O Seu #Foco... É O SEU MUNDO. MUNDO É Como Um Menu de Ingredientes, E Você Cria As Refeições.
#drMM

TW246 Deus Lhe Deu Uma #Mente... Para Redimensionar Suas #Experiências.
#drMM

TW247 Faça O AMANHÃ Tão Grande... Que O Ontem Morrerá.
#drMM

TW248 4 RAZÕES PARA O #CONFRONTO:
~ Tentativa de Preservar Um #Relacionamento
~ Remover As Confusões
~ Evitar Uma Tragédia
~ Estabelecer Ordem
#drMM

TW249 CRIE RITUAIS de #SUCESSO...
~ 7 Minutos No Lugar Secreto (Sala de Oração)
~ Leia 1 Provérbio Por Dia
~ Profetize Para O Seu Dia

www.twitter.com/DrMikeMurdock

– O MANUAL DOS TWEETEIROS –

~ Faça E Leia Sua Lista Agradecimento de A-Z
#drMM

TW250 EU PROFETIZO EM... SEU DIA..!
Coisas NOVAS..!
Novas Ideias...
Novas Fontes de Honra
#Nova Esperança
Novas Estratégias
Novas Conexões
#drMM

TW251 Pare de Criar... Mais do Que Você Pode Administrar.
#drMM

TW252 OLHOS CANSADOS... Raramente Vêm Um #Futuro Bom.
#drMM

TW253 #INDIGNAÇÃO... É Uma Dica Para Um Problema Que #Deus Quer Que Você Resolva.
#drMM

www.twitter.com/DrMikeMurdock

— **TWISDOMS** de Mike Murdock —

TW254 #FÉ...
Fé É... Confiança Em Deus.
A Fé Vem... Quando Você OUVE Algo Que Deus Está Dizendo.
A Fé Decide... O #Favor Divino.
#drMM

TW255 A #SEMENTE... É Impotente... Até Entrar No Solo.
Semente / Solo Gera O Pacto (Entre Dois) Que É Capaz de Despedaçar Muros de Concreto.
#drMM

TW256 DESCONFORTO... É A Escola da #Postura.
#drMM

TW257 Quando Eu Sei Quem Gosta de Você... Eu Posso Prever Seu #Futuro.
(Rute / Boaz... Davi / Abgail... José / Faraó)
#drMM

TW258 CHECKLIST PARA O FRACASSO:
1) #Desobediência Aos Pais
2) Enganar A Polícia / Autoridades

www.twitter.com/DrMikeMurdock

— O MANUAL DOS TWEETEIROS —

3) Ressentir O Rico
4) Acreditar Em #Sorte
#drMM

TW259 Você Sempre Vai Agir de Acordo Com A Pessoa Que Você Pensa Que É.
#drMM

TW260 BUSCAR... É A Prova do #Desejo Verdadeiro.
(Relacionamentos... #Prosperidade... Mentorado... #Romance)
#drMM

TW261 O Que Você Ouvir Repetidamente... Você Acaba #Acreditando.
#drMM

TW262 Parasitas Querem... Atenção; #Aprendizes Querem... #Mentorado. Parasitas Querem... A Uma Platéia. Aprendizes Querem... Um Treinador.
#drMM

TW263 SE DINHEIRO É MAL... Porque Satanás Não Duplica Sua Renda

www.twitter.com/DrMikeMurdock

— **TWISDOMS** de Mike Murdock —

Semanalmente?
(Satanás Não Dobrou A Renda de Jó.)
#drMM

TW264 Alguém Está Sempre Observando Você... Alguém Capaz de Te Abençoar Extremamente.
(Boaz E Rebeca... Rute E Eleazar)
#drMM

TW265 Os Maus Momentos... Unem As Pessoas.
Um Dos Grandes Benefícios Dessa Crise Econômica... São As #Amizades Confiáveis.
#drMM

TW266 EGOÍSMO... É O Inimigo dos #Relacionamentos.
Isso Não É Uma Mera #Atitude; É Uma Filosofia de Vida.
#Adoração_do_Eu.
#drMM

TW267 #PRESENÇA... Muda A Equação de Cada #Ambiente.
Quando O Rebelde É Removido, A

www.twitter.com/DrMikeMurdock

— **O MANUAL DOS TWEETEIROS** —

Tempestade Cessa. (Jonas)
#drMM

TW268 #AMBIENTE... Não Muda A Natureza do #Tolo.
#drMM

TW269 Reconhecer A #Grandeza Alheia... Confirma A Sua Própria Grandeza.
#drMM

TW270 Nunca Duvide do #Futuro de Um Homem... Que #Honra A Grandeza.
#drMM

TW271 Aquele Que Nunca É Reconhecido... Nunca Vai Lhe Considerar Importante.
#drMM

TW272 #MENTIRA... É Um Tormento Escolhido.
#drMM

TW273 DOIS TIPOS / MINISTÉRIO: Foque-se Em...
~ #Receber de Deus (Perdão, Etc.) Ou

www.twitter.com/DrMikeMurdock

~ TWISDOMS de Mike Murdock ~

~ #Dar A Deus
 (Ofertas, Etc.)
 Ambos São Necessários.
#drMM

TW274 Se Sua #Colheita Inteira Acontece Aqui... O Céu É Desnecessário.
#drMM

TW275 #PENSAMENTO... É Simplesmente Estímulo Emocional.
#drMM

TW276 #CONVERSA_de_LÍDERES
O Seguidor Infeliz... Ainda Não Discerniu A #Sabedoria do #Líder.
#drMM

TW277 DISCRIÇÃO...
Quanto Menor As Letras... Maior É O Conteúdo.
#drMM

TW278 CONVERSA_de_#PASTORES:
O Seguidor Infeliz... Geralmente Tem O Destino Diferente do Seu.
#drMM

www.twitter.com/DrMikeMurdock

— O MANUAL DOS TWEETEIROS —

TW279 AGITAÇÃO... Ocorre Quando O Espírito Discerniu Informações Que A #Mente Ainda Não Relatou.
#drMM

TW280 Uma Palavra Aos COMPOSITORES:
Cautela... Sufoca #Criatividade.
#drMM

TW281 COMO MUDAR UM HOMEM:
1) Tempo ~ Esther
2) #Perguntas ~ Rainha de Sabá
3) Sinceridade ~ Rute
4) #Credibilidade ~ O Empregado de Naamã
5) #Honra ~ Abgail
#drMM

TW282 AOS APRENDIZES:
ATENÇÃO... Evite Tomar A Frente de #Problemas Quando Você Não Tem Autoridade.
#TOLOS... Compaixão Não Os Mudará.
#drMM

TW283 #SABEDORIA... É Saber A

www.twitter.com/DrMikeMurdock

— **TWISDOMS** de Mike Murdock —

#Reação Divina Para Um #Problema Humano.
#drMM

TW284 SUA BUSCA #Decide...
~ O Que Você Vê
~ Quem Te Vê
~ O Que Você Supera
~ O Que Você Ignora
~ As Mudanças Que Você Faz
#drMM

TW285 CONVERSA_de_ #SOLTEIROS: Interesse... Não É Prova de #Amor. (O Leão Está Interessado Na Antílope, O Gato Persegue O Rato.)
#drMM

TW286 MULHERES:
Mergulhe No Mundo Dele (Esther).
Prove #Confiabilidade Aos Que Ele Confia (Rute).
Não Fique Ressentida Com A Maneira Que Ele Usa Seu #Tempo
(Provérbios 31).
#drMM

www.twitter.com/DrMikeMurdock

— O MANUAL DOS TWEETEIROS —

TW287 NENHUMA #MULHER... É Capaz de Seguir Um #Homem Que Se Recusa A Liderar.
#drMM

TW288 NENHUM #HOMEM... Pode Proteger A #Mulher Que Se Recusa A Seguir.
#drMM

TW289 #PREGUIÇA... É Desobediência Silenciosa.
#drMM

TW290 #HONRA... Tem Uma Fragrância Que Se Discerne Imediatamente.
#drMM

TW291 CONVERSA_de_SOLTEIROS: #Desejo... Não É Nem Uma Instrução Nem Uma Profecia.
#drMM

TW292 PERGUNTAS SOBRE NAMORO: Há Necessidade de Falar Sobre Uma Determinada Luta?

~ TWISDOMS de Mike Murdock ~

A Pessoa O Energiza, Ou Você Sente-se Solitário?
As #Perguntas Mostram Verdadeiro Interesse Em Sua #Paixão?
#drMM

TW293 #NAMORO:
~ Como É Que Essa Pessoa Me Melhora?
~ Que Medos Secretos Estão Surgindo?
~ Eles Mostram Honra? Desonra?
~ Eu Sinto Necessidade de Cautela?
#drMM

TW294 CONVERSA_de_SOLTEIRO:
~ Em Que Cenário Eu Me Sentiria Embaraçado?
~ Em Uma Crise, Essa Pessoa Poderia #Orar Efetivamente Por Mim?
~ Essa Pessoa É Bem Sucedida Ou Necessitada?
#drMM

TW295 SOLTEIROS:
Egoísta Ou Coração de #Servo?
Consolador Ou Corretivo?
Conversas de Vítima Ou Vitorioso?

– O MANUAL DOS TWEETEIROS –

Respeitoso Ou Retaliador?
#drMM

TW296 #NAMORO:
E Qual O Interesse Que Essa Pessoa Mostra Para Com Os MEUS Problemas?
Eu Tenho Desejo de Discutir Meus Desejos Com #Ele (a)?
Ele (a) Mente, #Desconversa Ou Evita?
#drMM

TW297 Nunca Dê Mais #Tempo Para Um Crítico do Que Você dá Para
Um #Amigo.
#drMM

TW298 #NAMORO:
Aqueles Que Amam A Sua Energia... Podem Não Concordar Com Seus #Objetivos.
Aqueles Que Amam Olhar PARA Você... Podem Não Querer OUVÍ-LO.
#drMM

TW299 EM ALGUM LUGAR... ALGUÉM... Está Fora de Lugar... Porque O Lugar Dele(a) É Ao Seu Lado. #drMM

www.twitter.com/DrMikeMurdock

– **TWISDOMS** de Mike Murdock –

TW300 6-Bases: #Honrar Os Pais / Deus / #Chefe No Mais Alto Nível. Examine #Favor / Portas Abertas. Aproxime-se de Um Mentor Financeiro / Ouça A Voz do Espírito Santo.
#drMM

TW301 HONRA... Cria #Acesso Em Qualquer #Ambiente. Honra... Te Coloca À Frente do Gênio. HONRA... Floresce Em Toda #Estação.
#drMM

TW302 CADA ADORADOR... É Um #Guerreiro Secreto.
#drMM

TW303 Todo Homem #Pensante Anseia Por Melhora. A #Esposa... Deve Saber Onde Ele Quer Melhorar...
#drMM

TW304 #CONVERSA_de_SOLTEIROS: Os Mal-Caraters... Não São de Oração #Homens / Mulheres de Oração... Não São Mal-Caraters. #drMM

~ O MANUAL DOS TWEETEIROS ~

TW305 UMA #MULHER... Deixa de Admirar O Homem Que Ela É Capaz de #Enganar.
#drMM

TW306 CONVERSA_de_#PASTORES: Pare de Ensinar Aqueles Que Pararam de Escutar.
(Jesus / Fariseus)
#drMM

TW307 #DESTINO... É Simplesmente Onde As Suas #Decisões Te Levarem.
#drMM

TW308 CONVERSA_de_#HOMEM: A Beleza de Uma Cobra Não Remove Seu Veneno... Nem Diminui O Seu Perigo.
#drMM

TW309 Que Parte de Você Está... Arrasada? Será Que Isso É Importante Para Você? O Que Vai Acontecer... Se Você Não #Mudar? Você Já Tentou... #Deus?
#drMM

www.twitter.com/DrMikeMurdock

— **TWISDOMS** de Mike Murdock —

TW310 Toda #Amizade... Tem Um Preço.
Toda Amizade... Tem #Expectativas.
Toda Amizade... Pode #Mudar.
#drMM

TW311 CONVERSA_de_#SOLTEIROS:
Não Entre Por Uma Porta... Até Que Você Seja Convidado.
#drMM

TW312 COISAS QUE VOCÊ BUSCA ...
~ O Que É Isso?
~ Isso É Bíblico?
~ O Que Lhe Custará?
~ O Que Você Vai Fazer Diferente - Para Conquistar Isso?
#drMM

TW313 Toda #Conversa... Precisa de Alguém Para Trazer Cura.
#drMM

TW314 5 CÍRCULOS da #VIDA
~ Círculo de #Carinho
~ Círculo de #Correção
~ Círculo de #Conselhos

www.twitter.com/DrMikeMurdock

~ O MANUAL DOS TWEETEIROS ~

~ Círculo de #Conforto
~ Círculo de #Conversas
#drMM

TW315 DIFERENÇA ENTRE ESTAÇÕES É:
~ Uma Pessoa
~ Uma Decisão
~ O Que Você Deixa de Fazer
~ Quem Gosta de Você
~ A Voz Que Você #Confia
~ Quem Você #Honra
#drMM

TW316 Nenhum #Tolo... Passa Despercebido.
#drMM

TW317 #SABEDORIA... É A Capacidade de Antecipar As #Consequências de Uma Decisão.
#drMM

TW318 UMA PESSOA ERRADA... Pode Se Tornar Uma Dor de Cabeça Para Sempre.
#drMM

TW319 A #Unção Que Você #Respeita É A Unção Que Você Atrai. #drMM

www.twitter.com/DrMikeMurdock

— TWISDOMS de Mike Murdock —

TW320 CONVERSA_de_#SOLTEIROS
A Cura Para A Ingratidão É A... Perda.
#drMM

TW321 #SUBMISSÃO... Não É Ter Posse Sobre Algo.
Submissão... É A Permissão Para Proteger.
#drMM

TW322 CONVERSA_de_#PASTORES:
Um Verdadeiro Aprendiz Vale Mais Que 1.000 Fariseus.
Nós Ensinamos As Multidões Procurando Encontrar Um Aprendiz.
#drMM

TW323 #PACIÊNCIA... É Simplesmente Aguardar Que Seu #Inimigo Cometa O Próximo Erro.
#drMM

TW324 CONVERSA_de_SOLTEIROS:
Você Realmente Quer Um #Companheiro Tão Estúpido(a) Que Não É Capaz de Discernir Você..?
#drMM

www.twitter.com/DrMikeMurdock

— O MANUAL DOS TWEETEIROS —

TW325 CONVERSA_de_SOLTEIROS:
O Comportamento Para Com Você Revela A Percepção Que A Pessoa Tem de Você.
#drMM

TW326 CONVERSA_de_SOLTEIROS:
Você Não Precisa de Alguém Que Vá Fazê-lo #Feliz;
Você Precisa de Alguém Que Não Vá Fazê-lo Triste.
#drMM

TW327 Para Não Ser Esquecido... Você Deve Fazer Algo Inesquecível.
#drMM

TW328 O_LUGAR_#SECRETO...
... Não É Onde Você dá Instruções A Deus;
... É Onde Você RECEBE Instruções de Deus.
#drMM

TW329 PROBLEMA:
Que #Instrução Foi Desonrada?
Qual É A Solução Bíblica?
Quem Foi Injustiçado?

www.twitter.com/DrMikeMurdock

O Que Impedirá Que Isso Aconteça Novamente?
#drMM

TW330 ABORTO:
A Relutância da América Em Ouvir... Não Remove Nossa Responsabilidade de Advertir.
#drMM

TW331 AUTORIDADE... Só É Legítima Se...
~ Protege Você Dos #Inimigos
~ Provê Para Você E Sua #Família
~ Promove A #Paz
#drMM

TW332 #ADMIRAÇÃO... É A #Semente Para Um #Relacionamento.
#drMM

TW333 APROVAÇÃO:
Fique Grato... Quando Você Está Recebendo Aprovação.
Fique Pensativo... Quando Você Está Dando Aprovação.
#drMM

www.twitter.com/DrMikeMurdock

— O MANUAL DOS TWEETEIROS —

TW334 CONSELHOS de JONAS:
Às Vezes Até Mesmo Um Bom Homem...
Não Faz Parte da Sua Jornada.
Mesmo Homens Bons Podem Estar Fora do Lugar.
#drMM

TW335 Pessoas Boas Em Lugares Errados... É Uma Experiência Ruim. (Conselhos de Jonas: No Navio Com Os Marinheiros Que O Jogaram Para Fora do Navio.)
#drMM

TW336 Homens de Deus... Sabem Onde Eles Não Devem Estar.
#drMM

TW337 É FÁCIL Distinguir Entre A Sua Imaginação E A Voz do Espírito Santo; O Espírito Nunca Gera #Confusão, Nem #Preocupação.
#drMM

TW338 Bons Homens Nos Lugares Errados... Criam Experiências Desastrosas.

www.twitter.com/DrMikeMurdock

~ TWISDOMS de Mike Murdock ~

(Jonas Conversa Com Os #Solteiros / O Barco)
#drMM

TW339 "Twitter" É... Accesso.
#Acesso... É #Favor.
Favor... Pode Ser Perdido Tão Rapidamente Quanto Foi Dado.
Bloqueie... Os #Tolos. Todos Eles.
#drMM

TW340 "TWITTER"... Destrói O Orgulho. Você Descobre Que Deus Fala Com Outras Pessoas...Que Você Sequer Imagina..!
#drMM

TW341 O Mundo Que Você Está Enfrentando... É O Mundo Que Você Criou Para Si Mesmo.
(Através de Decisões – Foco – Fé – Dúvida – Atitude)
#drMM

TW342 #PALAVRAS CERTAS... Podem Mudar Consequências.
(Arrependimento do Ladrão Na Cruz/ Ninivitas)
#drMM

www.twitter.com/DrMikeMurdock

— O MANUAL DOS TWEETEIROS —

TW343 Muitos Dos Que Querem Agradar Você... Não Querem #Ouví-lo.
(Loucura, Não É..!?)
#drMM

TW344 Uma Boa #Experiência... Não É Uma Previsão de Um Bom #Relacionamento.
#drMM

TW345 PENSE NISSO...
A Maioria das Pessoas... Querem Que Você Fique Satisfeito;
Poucas Pessoas... Querem Satisfazê-lo.
#drMM

TW346 Admiração... É A Semente Para O Acesso.
(Zaqueu / Jesus... Faraó / José)
#drMM

TW347 SUA VIDA... É O Que Você Decide Que É Importante.
Por Favor, Pense Sobre Isso. Isso É Explosivo. Sua #Família? Dinheiro? Um Crime?
#drMM

www.twitter.com/DrMikeMurdock

— **TWISDOMS** de Mike Murdock —

TW348 QUEM Você #Critica Constantemente... Acabará Por Parar de #Ouví-lo – A Sobrevivência Deles Depende Disso.
#drMM

TW349 CIÚME... É O #Medo de Não Ser #Importante Para Alguém Que É Importante Para Você.
#drMM

TW350 GUERRA... É Sempre Entre Dois Homens.
(Nações Não Se Conhecem O Suficiente Para Se #Odiarem. Alguma Vez... Você Odiou Uma Nação?)
#drMM

TW351 SEU SUCESSO... É Determinado Pelo Que Você Está Disposto A Ignorar.
(Uma Ofensa / Falha / #Rejeição... Etc.)
#drMM

TW352 MEUS #VÍCIOS:
1. Presença de Deus
2. #Livros
3. #Conversas Significativas

www.twitter.com/DrMikeMurdock

— O MANUAL DOS TWEETEIROS —

4. Gentileza
5. Massagem Capilar
6. #Aprendizado
7. Cachoeiras.
#drMM

TW353 A Pessoa Mais Devastadora Em Sua #Vida... É Alguém Que Você Não Pode Impressionar.
(O Que Quer Que Você Faça, Responde Àqueles Que Você #Ama.)
#drMM

TW354 MEUS 2 MAIORES #MEDOS:
1. #Medo de Acreditar Em Uma Mentira (Engano).
2. Medo de Não Compreender Totalmente... Como #AMAR.
#drMM

TW355 #ALEGRIA ESTÁ SEMPRE... Um Sentimento À Frente.
#drMM

TW356 #ORAÇÃO:
PENSAMENTOS... Não São Orações.
NECESSIDADES... Não São Orações.

www.twitter.com/DrMikeMurdock

— **TWISDOMS** de Mike Murdock —

#PREOCUPAÇÃO... Não É Uma Oração.
DISCUSSÕES... Não São Orações.
Pense.
#drMM

TW357 #MUDANÇA... Está Na Próxima Decisão.
Mude... Sua #Busca.
Mude... Seu Foco.
Mude... O Que Você Estuda.
Mude... Suas #Palavras / Tom de Voz.
#drMM

TW358 DUAS FILOSOFIAS:
1. #Adoração do Ego
2. #Serventia
(Observe Seus #Amigos E Você Poderá Prever O Futuro de Seu #Relacionamento.)
#drMM

TW359 RELACIONE 4 INVESTIMENTOS:
1) Pensamentos
2) #Tempo
3) Energia
4) #Palavras
Então...
Nunca Invista... Nenhum Deles Em Um

www.twitter.com/DrMikeMurdock

— O MANUAL DOS TWEETEIROS —

#Inimigo.
#drMM

TW360 Substituição Divina... São Sempre Uma Melhoria.
#Solteiros... Relacionamentos
Carreira... Seu Trabalho
#drMM

TW361 3 Grandes #Erros Que As Mulheres Cometem:
~ Dizer Que Todos Os #Homens São Iguais
~ Pensar Que Criticar Um Homem A Faz Interessante
~ Pensar Que #Atenção É Admiração
#drMM

TW362 Conforte... O Fraco
Levante... O Caído
#Ouça... O Sábio
#Acredite... No Que Está Comprovado
#Ensine... Os Aprendizes
Identifique... Os Inimigos
Observe... Os Tolos
#drMM

TW363 CONVERSA_de_#PASTORES:

www.twitter.com/DrMikeMurdock

— TWISDOMS de Mike Murdock —

Lição nº 1 Em Ensino
... Nem Todos Estão Prontos.
#drMM

TW364 O SEU #FUTURO... Vai Exigir Mais #Preparação do Que O Seu Presente.
#drMM

TW365 CONVERSA_de_SOLTEIROS: #Nunca Se Case Com Alguém... Quem Não O Trate Melhor do Que Você Trataria Si Mesmo.
#drMM

TW366 3 PESSOAS QUE VOCÊ DEVE #ENSINAR:
1) Os Que Estão Sob Sua Autoridade.
2) Os Que Fazem Perguntas #Adequadas.
3) Os Que Lhe Admiram.
#drMM

TW367 Palavras Que Agradam O #Sábio... Incomodam O #Tolo.
#drMM

TW368 A Pessoa Prestativa... Nunca Está Deslocado.
#drMM

– O MANUAL DOS TWEETEIROS –

TW369 TODO #ABENÇOADOR Está Procurando Os Qualificados... Para ABENÇOAR.
#drMM

TW370 Nunca Se Apresente... Para Uma Platéia *Infeliz*.
#drMM

TW371 Você Não Escolhe Quem Motiva Você... Você Os Descobre.
#drMM

TW372 CONVERSA_de_APRENDIZ: A Paixão Que Te Motiva A #Aprender... Não Lhe Qualifica Necessariamente Para #Ensinar.
#drMM

TW373 Sua Aparência É Uma Propaganda... do Que Você Quer Que Eu Compre.
#drMM

TW374 CONVERSA_de_SOLTEIROS: Você Realmente Quer Um #Companheiro(a)... Que Não Sabe Encontrá-lo..??
#drMM

www.twitter.com/DrMikeMurdock

~ TWISDOMS de Mike Murdock ~

TW375 3 Pessoas Substituíveis Na Sua #Vida:
1. O #Desprezível
2. O #Curioso
3. O #Slencioso
#drMM

TW376 CONVERSA_de_APRENDIZES: Eu Nunca Tive Um Relacionamento Feliz Com Alguém Que Duvidasse da Minha #Habilidade de Ouvir A Voz de Deus.
#drMM

TW377 ORAÇÃO PELOS #PASTORES: Pai, Mantenha-nos Focados / Corajosos / Gentis... A Medida Que Nós Despejamos A Sua Cura E #Sabedoria No Coração #Ferido do Nosso Povo.
#drMM

TW378 CONCORDÂNCIA... É Quando Duas Pessoas Têm A *Mesma* Informação.
#drMM

TW379 Ignorância... É Quando Você Não Sabe Algo.
Estupidez... É Quando Você Não #Ouve

www.twitter.com/DrMikeMurdock

– O MANUAL DOS TWEETEIROS –

Aqueles Que Sabem.
#drMM

TW380 3 ASSASSINOS:
Os Que Provocam Abortos... Assassinos de #Líderes *No Ventre*
Críticos... Assassinos da #*Esperança*
Absalãos... Assassinos da Sua #*Influência*
#drMM

TW381 CONVERSA_de_ #APRENDIZES:
Eu Paro de *Falar*... Quando Você Para de #*Ouvir*.
Eu Paro de *Ensinar*... Quando Você Para de #*Honrar*.
#drMM

TW382 3 PESSOAS QUE VOCÊ NÃO PODE AJUDAR:
Qualquer Um Que ...
~ Acha Que Não Tem Um #Problema
~ Pensa Que Você É O Seu Problema
~ Mente Para Você
#drMM

TW383 Pai... Use Os Nossos Tweets
... Para #*Curar*
... Para *Energizar*
... Para *Re-Focar*

www.twitter.com/DrMikeMurdock

~ TWISDOMS de Mike Murdock ~

... Para *Revelar*
... Para Gerar #*Esperança*
#Honre *Todo* O Esforço Hoje.
#drMM

TW384 7 Tons Que Paralisam Um Casamento:
~ Argumentativo
~ Contencioso
~ Desprezível
~ Corretivo
~ Acusatório
~ #Desinteresse
~ Superioridade
#drMM

TW385 4 COISAS QUE MUDARÃO SUA VIDA:
~ Invista Os Primeiros 7 Min do Dia No Lugar Secreto
~ Crie Um Mural de Sonhos
~ Transforme Um Desejo Em #Objetivo
~ #Faça Perguntas
#drMM

TW386 #Tudo O Que Deus Prometeu Chegou... *Disfarçado* de #Oportunidade.
#drMM

www.twitter.com/DrMikeMurdock

— O MANUAL DOS TWEETEIROS —

TW387 Eu Deixo de Lado Qualquer Coisa Que Me Paralisa.
Eu Deixo de Lado Qualquer Coisa Que Me Atrasa.
Eu Deixo de Lado Qualquer Coisa Que Quebra O Meu #Foco No #Espírito Santo!
#drMM

TW388 A Qualidade dos Meus Amigos Libera Tremenda Auto-Confiança No Meu Valor Próprio.
#drMM

TW389 Protocolo Para O Espírito Santo? ADORAÇÃO.
Eu Não Sabia Disso Até 13-7-94.
Já Escrevi 800 Músicas de Amor Para Ele...
CANTE! Que Ele Entra...
#drMM

TW390 CHAVES DIÁRIAS:
Dignificar #Momentos.
Esculpir #Ambiente.
Exalar #Gratidão.
Exalar #Honra.
Abraçar #Diferença.
Perguntar #Sabiamente. #drMM

www.twitter.com/DrMikeMurdock

~ TWISDOMS de Mike Murdock ~

TW391 #Felicidade Gera... *Energia*.
Infelicidade Gera... *Idéias*.
#drMM

TW392 MULHERES...
A Fragrância de Suas #Palavras
Será Lembrada Por Mais Tempo Que
A Fragrância do Seu Perfume.
#drMM

TW393 Qualquer Coisa Que Não For
Buscada... Não Será Experimentada.
(O #Espírito Santo, #Cura,
#Relacionamentos, Etc.)
#drMM

TW394 DEUS...
Que Parte de #Deus Você Ainda Não
Conhece?
Suas Crenças Lhe Permitem Cumprir Seu
Propósito?
#drMM

TW395 CONVERSA_de_APRENDIZES:
Sua #Colheita... Não Revela Aquilo Que
Você Está Disposto A #Dar.

www.twitter.com/DrMikeMurdock

— O MANUAL DOS TWEETEIROS —

Sua #Colheita... Revela A Sua Capacidade de #Receber.
#drMM

TW396 PERGUNTAS:
Como Você Está Avaliando Suas Melhorias?
Que Pequena #Mudança Faria Uma GRANDE Diferença?
Quando Você Vai Fazê-la?
#drMM

TW397 #LIDERANÇA:
#Líderes... Não Escolhem Seguidores.
#Seguidores... Escolhem Líderes.
#drMM

TW398 Existe Um Caminho Secreto... Para Tudo O Que Você Deseja... O Caminho É Chamado... #Oportunidade.
#drMM

TW399 SEUS #SENTIMENTOS... Não São Você.
Eles São Simplesmente A Fragrância dos Seus #Pensamentos.
(Às Vezes... Mal-cheiro!)
#drMM

www.twitter.com/DrMikeMurdock

— **TWISDOMS** de Mike Murdock —

TW400 Se Você Tem Um Único Centavo No Banco... Você Aprendeu O Que É #Confiar.
#drMM

TW401 Se Minha Presença É Um #Problema... Eu Não Repetirei Isso.
#drMM

TW402 CONVERSA_de_#SOLTEIROS: Se Isso Não É A Sua Verdadeira #BUSCA... Nunca Será A Sua Experiência.
#drMM

TW403 CONVERSA_de_#SOLTEIROS: #Adaptação... É Responsabilidade do Que Busca, Não da Coisa Buscada.
#drMM

TW404 CONVERSA_de_#SOLTEIROS: Quando Eu Sei O Que Você #AMA... Eu Sei O Que Você Precisa.
#drMM

TW405 CONVERSA_de_#SOLTEIROS: Quando Eu Entender O Que Você Precisa...

www.twitter.com/DrMikeMurdock

– O MANUAL DOS TWEETEIROS –

Eu Entendo O Meu Papel Na Sua #Vida.
#drMM

TW406 #HUMOR:
CONVERSA_de_#SOLTEIROS:
#Casamento... É Como Comprar Um *Restaurante* Quando Tudo Que Você Queria Mesmo Era Apenas... Uma *Panqueca*. (Sorria!!!)
#drMM

TW407 EXPERIÊNCIA COM DEUS:
Se Você Conheceu A Deus E Não #Mudou... Você Não Conheceu A Deus.
#drMM

TW408 CONVERSA_de_#SOLTEIROS:
O Que Quer Que Você Possa Viver Sem... *Você Certamente Viverá*.
#drMM

TW409 Todos Os Problemas Que Estão Sem Solução... É Porque Você Ainda Não Creu No Que As #Escritura Dizem A Esse Respeito.
#drMM

www.twitter.com/DrMikeMurdock

~ TWISDOMS de Mike Murdock ~

TW410 Quando Eu Ouço A *Música* Que Você Gosta, Eu Sei Como Você Se #Sente. Quando Eu Ouço Você #Falar, Eu Sei Quem Você *Honra*. Quando Eu Vejo Seus #Amigos, Eu Sei Em Quem Você #Confia.
#drMM

TW411 Não Confiar Na Pessoa Certa... É Muito Mais Caro do Que #Confiar Na Pessoa Errada.
#drMM

TW412 A Voz #Errada... Não É A Armadilha.
Ignorar A Voz Correta... É A Armadilha.
(Adão / Deus... Samsão / Manoá)
#drMM

TW413 #POLÍTICA:
Desonrar O Nosso #Presidente... Pode Ser Mais Mortal do Que Qualquer #Erro Que Ele Tenha Cometido.
(Seja Cuidadoso Com A Arma do #Desrespeito)
#drMM

www.twitter.com/DrMikeMurdock

― O MANUAL DOS TWEETEIROS ―

TW414 CONVERSA_de_#SOLTEIROS:
Pense Duas Vezes Antes de Se #Casar... Se A Pessoa Não Estabeleceu Um Histórico de #Honra.
(Autoridade / Pais / #Deus)
#drMM

TW415 #RELACIONAMENTOS:
#Casamento É Um Pacto... de *Consequências*.
(Você Se #Casa Com A #História da Pessoa E As Consequências Divinas Dela.)
#drMM

TW416 CONVERSA_de_#SOLTEIROS:
Se Você Tem Algo Que #Deus Não Te Deu... Ele Vai Pegar de Volta Algo Que Ele Lhe Deu.
(Adão / A Árvore... Davi / Bate-Seba)
#drMM

TW417 CONVERSA_de_#SOLTEIROS:
Quanto *Maior* A Honra... #Mais *Longo* É O #Romance.
#drMM

TW418 #MOMENTOS:

www.twitter.com/DrMikeMurdock

~ TWISDOMS de Mike Murdock ~

Um MOMENTO Deve Ser Degustado...
Antes de Ser *Engolido.*
#drMM

TW419 CONVERSA SOBRE #SEMENTE:
#Conversa... É A #Semente Para A
#Compreensão.
#drMM

TW420 #A ARTE_de_RECEBER:
Receber... É Muito Importante... Isso É Que
Vai Gerar A Capacidade de #Dar.
(de Deus / Pessoas ~ #Amor, Etc.)
#drMM

TW421 # HONRA:
A Honra Floresce... Em Toda *Estação.*
A Honra É Bem Sucedida... Em Todo
#Ambiente.
A Honra Abre Portas... Que A #*Inteligência*
Não Consegue.
#drMM

TW422 CONVERSA_de_#APRENDIZES
Pense Em Sua Próxima... #Busca
O Que É Digno de... #TOTAL Atenção?

www.twitter.com/DrMikeMurdock

~ O MANUAL DOS TWEETEIROS ~

#Ministério? Mentorado? #Companheiro? BUSCA? Obsessão?
#drMM

TW423 IMAGINE... O Que Você Poderia Ganhar...
~ Se Fosse Totalmente FOCADO Em Sua Busca
~ Desculpando-se
~ Fazendo Mais #Perguntas
~ Irradiando #Gratidão
#drMM

TW424 #AMOR:
Amor... É A Melhor Prisão da Face da Terra... da Qual Você Nunca Quer Sair.
#drMM

TW425 #CONVERSA_de_"Twitter":
Quando Vejo "Quem" As Pessoas Seguem... Eu Não Me Sinto Tão Especial...
#drMM

TW426 CONVERSA_de_#HOMEM:
#Para Os Homens Incomum do "Centro de Sabedoria":
1. Mantenha "A Criança" Dentro de Você

www.twitter.com/DrMikeMurdock

— **TWISDOMS** de Mike Murdock —

2. Investimentos: ~ #1 Mente, #2 Esposa
#drMM

TW427 Se Você Seguir As Minhas Instruções... Você Nunca Estará #Errado.
Se Você Não Seguir As Minhas Instruções... Você Nunca Vai Estar #Certo.
#drMM

TW428 CONVERSA_de_#EQUIPE
Boas Pessoas... Nem Sempre São Bons *Trabalhadores*.
Bons Trabalhadores... Nem Sempre São Boas *Pessoas*.
#drMM

TW429 Aos 64-O QUE NÃO QUERO AO MEU REDOR:
~ Aquele Que *Não Me Ouve,* Dizendo "Eu Te Amo!"
~ #Um Funcionário Que Não Se Importa
~ #O Que Não Quer Aprender, Me Pedindo Emprego
#drMM

TW430 #CONVERSA_de_"Twitter":

www.twitter.com/DrMikeMurdock

— O MANUAL DOS TWEETEIROS —

Eu Sigo.... Por Uma #*Temporada*
Eu Deixo de Seguir... Por Uma #*Razão*
Eu #Bloqueio... Quando Sinto Cheiro de *Traição*
#drMM

TW431 VOCÊ NÃO PERTENCE...
... Onde Suas #Palavras Não São Ouvidas.
... Onde A Sua #Opinião É Ignorada.
... Onde O Seu #Conforto Não Tem Importância.
#drMM

TW432 O MISTÉRIO da #VIDA... É Saber Quando Transmitir Ou... *Partir*.
(Jesus ~ "#Deu Livremente" x "Sacudiu O Pó")
#drMM

TW433 CONVERSA_de_#APRENDIZ: Discernir... *Não É Honrar*.
(Até Mesmo As Moscas São Discernidas...)
#drMM

TW434 #RELACIONAMENTOS: Quanto Maior A Qualidade... Menos Você Vai Precisar.
#drMM

www.twitter.com/DrMikeMurdock

— **TWISDOMS** de Mike Murdock —

TW435 Ao Descobrir Aqueles Que Não Gostam de Mim; Eu Descubro Que Sinto O MESMO... À Respeito Deles! Concordância! Tal Paz.
#drMM

TW436 CUIDADO É...
... Uma #Unção, Não Um Sentimento
... Imediatamente Discernível
... Torna Aquele Que Não Se Importa Mais Visível
... Insubstituível
#drMM

TW437 PAI, Faz-nos Pensar...
Ao Representar-te *Graciosamente*
~ Em Nossas #Reações.
~ Em Cada #Conversa.
#drMM

TW438 #ACESSO... É O Maior Presente Possível Na Terra.
... É Um *Convite* #Para Relacionar-se
... É Uma *Oportunidade* Para Revelar Amor. #drMM

www.twitter.com/DrMikeMurdock

– O MANUAL DOS TWEETEIROS –

TW439 #ACESSO... É O Oxigênio Para O Amor
... O Palco Onde A *Paixão* Se Apresenta
... Onde #Reações São Expostas
... Onde #Palavras / *Tons* Revelam O #Foco.
#drMM

TW440 #ACESSO:
... Faz O Cuidado *Mensurável*
... Faz A #Lealdade *Indubitável*
... *Revela* Necessidades Escondidas.
#drMM

TW441 CONVERSA_de_APRENDIZES:
Dê Grande Importância Ao ACESSO
~ O Presente Mais Valioso
~ #Momento de Oportunidade
~ Retrato de Quem Você É
~ Prova do #Favor
#drMM

TW442 #CONVERSA_de_LIDERANÇA:
#ACESSO... Checklist Para Avaliação
~ #Relacionamentos Em Potencial
~ #Compatibilidade Na Equipe

www.twitter.com/DrMikeMurdock

~ TWISDOMS de Mike Murdock ~

~ #Sabedoria Em Reações
#drMM

TW443 #ACESSO... Revela Em Um #*Instante* Mais do Que Mil Medalhas Podem Revelar Em Uma Vida Toda.
#drMM

TW444 #Um Minuto de ACESSO... Pode *Acabar* Com A Confusão de 1.000 Cartas de #Amor.
#drMM

TW445 CONVERSA_de_APRENDIZES: #ACESSO É #*Oportunidade*.
~ José... Teve Uma #Conversa Para *Impressionar* Faraó
~ Esther... Teve Duas Refeições Para #*Mudar* O Rei
#drMM

TW446 7 EXPLICAÇÕES PARA A SITUAÇÃO da SUA VIDA
... Economia
... Karma
... #Sorte

www.twitter.com/DrMikeMurdock

— O MANUAL DOS TWEETEIROS —

... Destino
... Predestinação Divina
... Seus #Pais
... Suas #Decisões
#drMM

TW447 #IMAGINE:
... Descobrir O Motivo REAL Pelo Qual Deus Lhe Criou E Onde Você Pertence.
... Encontrar Alguém Desejoso Pela... Sua #Diferença.
#drMM

TW448 #DESTRUIDORES_de_RELACIONAMENTOS:
~ Quando Você Exige de Alguém... Algo Que Não Possuem.
(#Tempo - #$$ - #Amor - #Romantismo - Servidão)
#drMM

TW449 RAZÕES PELA QUAL AS PESSOAS SÃO IGNORADAS:
~ Tom de #Desrespeito
~ #Desejo Por *Discussões* Desnecessárias
~ Uma *Percepção Distorcida* do

www.twitter.com/DrMikeMurdock

― TWISDOMS de Mike Murdock ―

#Relacionamento

TW450 #PERDÃO:
... Não É Garantia de Mudança
... Não Lhes Faz Confiável
... Permite Que #Deus Exerça Punição.

TW451 COPA do MUNDO:
É A Única Vez Que Um Marido Se Alegra Em Ver Sua #Esposa Gritando Entusiasmada Por *Outro* #Homem.

TW452 6 COISAS QUE UM HOMEM PROCURA EM UMA MULHER:
1 ~ #Química
2 ~ #Confiabilidade
3 ~ #Temor de Deus
4 ~ #Entertenimento
5 ~ #Admiração
6 ~ #Bondade

TW453 3 COISAS QUE UM HOMEM

— O MANUAL DOS TWEETEIROS —

#ODEIA EM UMA MULHER
1. #Correção
2. Correção
3. *Correção*
#drMM

TW454 #PROTOCOLO:
Não Pegue Nada... Que Não Lhe Tenha Sido Dado.
(#Autoridade - Posição - Papel Em Um #Relacionamento)
#drMM

TW455 ORAÇÃO PELOS PASTORES:
Pai, Ao Semearmos Nossas #Persuasões Permita-nos #FOCAR
Nos Feridos... E Não Nos Críticos
Nos Que #Buscam, Não Nos Rebeldes.
#drMM

TW456 CONVERSA_de_ #APRENDIZES:
O #Conselho de Quem Importa Para Você?
Que Presente #Fraqueza Poderia Te Destruir?
Quem É A Pessoa Que Mais Tem Investido Em Você?
#drMM

www.twitter.com/DrMikeMurdock

— TWISDOMS de Mike Murdock —

TW457 #PAI,
Me Ajude A Ser *Correto,* Não Apenas Diferente.
Ensina-me A Exercer *Graça,* Não Apenas #Integridade.
Faça de Mim Alguém Que Leva A *Cura,* Não Apenas Um #Professor.
#drMM

TW458 AO #ATEU:
Eu Sinto A Sua Dor... Porque, Eu Também Já Vivi Em Dúvida... Decepção Indescritível Em Pessoas.
#Mudanças... *Acontecem.*
#drMM

TW459 #Gentileza... Nunca É Impróprio. *Nunca.*
#drMM

TW460 SENHOR #ATEÍSTA...
... Os Clientes da Sua Fila Não Parecem Tão #Felizes... Como Os da Fila de #Jesus.
#drMM

— O MANUAL DOS TWEETEIROS —

TW461 SENHOR #ATEÍSTA...
Sua Infelicidade Não Me *Empolga*.
#drMM

TW462 CONVERSA_de_#APRENDIZES:
Energia E #Tempo São Dois #Investimentos Que Você Nunca Deve Fazer...
... Em #Tolos E Nem Em *Adversários*.
#drMM

TW463 Não Se #Zangue Nem Se #Amargure Com O Comportamento dos #Tolos.
Agradeça.
Muito.
Pela #Graça de Deus, Pois Podia Ser *Você*.
#drMM

TW464 3 SINAIS PERIGOSOS-EUA:
~ #O Desrespeito Por Israel
~ #O Desprezo Pelo Cristianismo
~ #Covardia Em Relação Ao Confronto
#drMM

TW465 EU ME PERGUNTO...
~ Que #Preconceito Oculto Há

— **TWISDOMS** de Mike Murdock —

Dentro de Mim... *Ainda Não Detectado?*
~ Que #Pequena Decisão... Poderia Criar Uma #Mudança *Enorme?*
#drMM

TW466 CONSCIÊNCIA:
Quem Mais Tem Investido Em Você?
(Energia ~ #Tempo ~ $$ ~ Paciência)
Qual Foi A #*Recompensa* Deles?
Será Que Isso Interessa Para Você?
#drMM

TW467 FOCO:
Um SIM *Eficaz*... Sempre Exigirá *100* Nãos.
#drMM

TW468 Um Dia... Você Vai Acreditar...
Em #Alguém..!
Esse Dia, Decidirá... Quem Você Se Tornará Para O Resto da Sua Vida.
Quem... Você #Decidiu Acreditar?
#drMM

TW469 FINANÇAS #:
#Dinheiro Não É Um Milagre.
Dinheiro Não É Um Mistério.
Dinheiro É... Simplesmente O Sistema de

www.twitter.com/DrMikeMurdock

~ O MANUAL DOS TWEETEIROS ~

#Recompensa Para A Resolução de
#Problemas.
#drMM

TW470 #SUCESSO:
Imagine... O Estilo de Vida Que Você *Deseja*.
Busque... Ser #Mentoreado Por Quem Você *Admira*.
#Planeje... Mudanças Nas *Rotinas* de #Sucesso.
#drMM

TW471 #FUTURO:
Você Está Correndo Em Direção Ao Seu #Futuro Para *Experimentar* Um Sentimento...
... Que Já Está Disponível No Seu Presente?
#drMM

TW472 CONVERSA_de_#APRENDIZES:
Domine... A #Arte de RECEBER.
Identificar #Presentes... de Deus / Pais / Pessoas.
Exale #Gratidão... Depositada Em Você.
#drMM

TW473 #RECEBA:
1) #ACCESSO... Como Presente E Teste

www.twitter.com/DrMikeMurdock

2) #INSTRUÇÃO... Como Uma Oportunidade de Provar A Sua Paixão / Competência / Compreensão
#drMM

TW474 CONVERSA_de_PASTORES:
3 Boas Decisões...
~ *Treine* Sua Equipe Por DVD's Pessoais
~ *Substitua* Deslealdade Rapidamente / Silenciosamente
~ *Identifique* Seu "Eliseu"
#drMM

TW475 3 SEGREDOS PARA CONSEGUIR #FAVOR COM SEU CHEFE:
1. Siga Suas Instruções
2. Siga Suas Instruções
3. *Siga Suas Instruções*
#drMM

TW476 CONVERSA_de_#SOLTEIROS:
Quando Eu Sei O Que Você *Gosta*...
Eu Posso Prever O Seu *Futuro*.
Quando Eu Sei Quem Você *Honra*...
Eu Posso Prever A Minha *Alegria*.
#drMM

— O MANUAL DOS TWEETEIROS —

TW477 6 REAÇÕES QUE REVELAM O #CARÁTER:
Sua Reação A...
~ #Correção
~ #Instruções
~ #Autoridade
~ #Erros
~ #Presentes
~ #Bíblia
#drMM

TW478 TRÊS DECISÕES QUE CRIAM #SUCESSO:
~ Quem Você Decide *Honrar*
~ A Fraqueza Que Você Decide *Superar*
~ A Voz Que Você Decide *Confiar*
#drMM

TW479 CONVERSA_de_SOLTEIROS:
A Pessoa Certa, Não Vai...
TOLERAR A Sua #Diferença.
A Pessoa Certa, Vai...
EXIGIR A Sua Diferença.
#drMM

TW480 Querida #Irmã:

www.twitter.com/DrMikeMurdock

— **TWISDOMS** de Mike Murdock —

Ele Discute Suas Maiores Fraquezas?
Você Está Em Paz Com A História Dele?
Você Sabe O Verdadeiro Estado Financeiro Dele?
#drMM

TW481 Querida #Irmã:
Ele #Pergunta... A Sua Opinião?
Você #Ama... O Que O Empolga?
Você Já O Ouviu #Mentir Para Alguém?
#drMM

TW482 Querida #Irmã:
Que #Perguntas Ele Não Responde?
Qual É O #Relacionamento Dele Com O Pastor?
Você Conhece O Histórico #Financeiro Dele?
#drMM

TW483 #DESÍGNIO
Tudo Criado... *Resolve* Um #Problema.
Seu Desígnio... É *Geográfico*.
Você É Uma #Recompensa... Para *Alguém*.
#drMM

TW484 CONVERSA_de_SOLTEIROS:

— O MANUAL DOS TWEETEIROS —

Nem Todos Os #Homens Querem A Mesma Coisa Em Uma #Mulher.
Alguns #Homens Querem Apenas Uma Experiência E Não... Um #Relacionamento.
#drMM

TW485 O QUE EU QUERO OUVIR... de UMA #MULHER:
~ O #Conforto de Quem Importa A Ela (Rebeca)
~ Qualidade das Suas #Questões (Rainha de Sabá)
~ Quem A #Treinou (Rute)
#drMM

TW486 #PERGUNTAS:
Quem Foi Bem Sucedido Este Ano... Por Sua Causa?
Qual Será O Seu Legado... Em UMA Palavra?
O Que É #Sucesso... *Para Você?*
#drMM

TW487 #SUCESSO:
1 ~ A Prova do Sucesso É... #*Alegria.*
2 ~ Sucesso... É Uma Experiência *Diária.*
3 ~ O Sucesso Não É... Uma Decisão #Divina.
#drMM

www.twitter.com/DrMikeMurdock

– TWISDOMS de Mike Murdock –

TW488 #GOVERNO:
#O Mal Não É Uma Atitude.
O Mal É Uma *Filosofia*.
Observe... A *Mudança* das #Leis.
#drMM

TW489 #TEMPORADAS... São Decididas Por #Conversas.
#drMM

TW490 #IDÉIAS:
1 ~ Crie Uma Sala do Amanhã. (Fotos de #Objetivos #Futuros)
2 ~ Escolha Um Assunto Para Dominar.
3 ~ Manter Uma Lista de #Perguntas.
#drMM

TW491 LÍDERES_de_#LOUVOR:
Quando Você Faz As Pessoas Cantarem...
~ As CADEIAS São *Quebradas*.
~ O #FOCO É *Corrigido*.
~ A #ESPERANÇA *Retorna*.
#drMM

TW492 #PROBLEMAS:
... São *Convites* Para #Relacionamentos.

www.twitter.com/DrMikeMurdock

— O MANUAL DOS TWEETEIROS —

... São *Sementes* Para O #Favor.
... *Decidem* O Seu Salário.
... *Revelam* Sua Diferença.
#drMM

TW493 #DESCONFIANÇA... É Frequentemente Um *Sinal* Divino Para Sua *Segurança*.
#drMM

TW494 #RELACIONAMENTOS: Às Vezes... Um Único Gole *Satisfaz*.
#drMM

TW495 INFERNO: Eu Não Temo O Fogo; Mas Estar Com Todos Os #Tolos do Universo Ao Mesmo Tempo... Isso Seria Um *Absoluto Tormento*.
#drMM

TW496 #INEXPERIÊNCIA... Não Pode Ser Escondida.
Inexperiência + #Humildade = Possibilidade
#drMM

TW497 NÃO BLOQUEIE... O Ateu; Pode Ser Que Ele Te Siga Até O Paraíso. #drMM

www.twitter.com/DrMikeMurdock

— **TWISDOMS** de Mike Murdock —

TW498 ÊXTASE... Para Um Abençoador É Descobrir Alguém *Qualificado* Para Receber.
#drMM

TW499 SUA PRÓXIMA #ETAPA... Está Há *Uma* Pessoa À Frente.
Rebeca / Eleazar / Isaque
José / Copeiro / Faraó
Rute / Noemi / Boaz
#drMM

TW500 PERGUNTAS:
~ Quando Você Chegar Onde Você Está Indo... Onde Você Estará?
~ Quando Você Conseguir O Que Quer... O Que Você Terá?
#drMM

TW501 DESEMPREGADO?
Nas Entrevista Os #Patrões Amam Ouvir: Você Nunca Terá Que Repetir #Instruções Para Mim.
Eu Sou Uma Pessoa Que Finaliza Tudo O Que Começa!
#drMM

www.twitter.com/DrMikeMurdock

— O MANUAL DOS TWEETEIROS —

TW502 #PARCEIRO:
Nenhuma #Mulher de Bem Fica... Com Um Abusador.
Nenhum #Homem de Bem Fica... Com Uma Abusadora.
Qualquer Coisa Que É Permitida... *Aumenta.*
#drMM

TW503 #AMOR... É A Semente da Felicidade.
Fazer ~ O Trabalho Que Você Ama.
Falar ~ da Sua #Paixão.
Dar ~ Para Alguém Que Você Ama.
#drMM

TW504 CONVERSA_de_#SOLTEIROS:
#Sinais de Amor...
~ As Reações da Outra Pessoa Decidem Por Você.
~ Simples Mensagens / Torpedos Te Alegram.
~ Você Se Entristece Quando Ele (a) Vai Embora.
#drMM

TW505 #IMAGINE:
... As Crianças Que Poderiam Ser Alimentadas Se Você Realmente,

www.twitter.com/DrMikeMurdock

— **TWISDOMS** de Mike Murdock —

Realmente Prosperasse.
... A Possibilidade de #Dinheiro... Se VOCÊ Tivesse.
#drMM

TW506 CONVERSA_de_ #SOLTEIROS:
Alguns... Deixam Que A Sua Solidão Lhes Escolha O #Companheiro (a).
O #Sábio... Deixa A Sua #ALEGRIA #Escolher O #Companheiro (a).
#drMM

TW507 Você É #Ignorante... Ou #Stúpido?
Ignorante... Por Não Saber.
Estúpido... Por Não PERGUNTAR.
#drMM

TW508 #SUBMISSÃO... Não Significa Ter Posse.
Submissão... É A Permissão Para Proteger.
#drMM

TW509 #IMAGINE:
... O Que Você Encontraria Se Focalizasse Tudo de Você Em Uma Só Coisa.
... O Que Você Nunca Experimentou.
Imagine. #drMM

www.twitter.com/DrMikeMurdock

– O MANUAL DOS TWEETEIROS –

TW510 Sobre Os #ATEUS... É Difícil Para Mim Criticar Aqueles... Que Não Tiveram Minhas Experiências.
Mesmo Que Sejam Experiências Com Deus.
#drMM

TW511 #PENSE...
ALGO Que Já Está No Seu Presente... Pode Lhe Dar O #Prazer Que Você Pensa... Estar *Escondido* Em Seu #Futuro.
#drMM

TW512 AMOR PRÓPRIO:
Ser Uma Pessoa Feliz... Você É O *Maior* #Presente Que Você Pode Dar Aos *Outros*.
(Então... Invista Pesado Em Sua Própria Alegria)
#drMM

TW513 #A Amizade É Muito Valiosa... Para Oferecer Ao Arrogante.
(Portanto, Use #Unfollow E #Block Sem Hesitar)
#drMM

TW514 5 COISAS INTOLERÁVEIS:
1. #Decepção
2. #Desrespeito

www.twitter.com/DrMikeMurdock

— TWISDOMS de Mike Murdock —

3. #Ingratidão
4. #Descaso
5. #Os Que Não Te Escutam
(Encontre Os Seus 5 ~ Economiza #Tempo)
#drMM

TW515 #PAIXÃO:
O Que Não For A Sua #BUSCA... Jamais Se Tornará A Sua Experiência.
(Peça / Proure / Bata... Necessidade Não É Um Qualificador)
#drMM

TW516 $$
Me Espanta Saber Que Aqueles Que São Tão Críticos Em Relação À #Prosperidade... Ainda Não Descobriram A Razão Bíblica Para Isso.
#drMM

TW517 #CONVERSA:
Suas *Palavras*... Afetam Minha #Mente.
Seu *Tom*... Afeta Meu #Coração.
#drMM

TW518 CONVERSA_de_APRENDIZES:
#Honra Gera Acesso Em Qualquer

www.twitter.com/DrMikeMurdock

— O MANUAL DOS TWEETEIROS —

#Ambiente...
A Honra Gera... O Que A Inteligência Não Consegue.
#Aprenda ISSO ~ É O Suficiente.
#drMM

TW519 #QUERIDA IRMÃ:
Não Corra Atrás de Um #Homem Que Você Não #Confia.
Não Corrija Um Homem Que Não Pediu Sua Opinião.
Não Mentoreie Um Homem Que Você Vão Fosse Capaz de #Seguir.
#drMM

TW520 #AMARGURA... É A #Semente Para A Perda. (Acesso / Trabalho / Amizade) Amargura #É Mais Mortal Que Traição. (Interna / Externa)
#drMM

TW521 #CONVERSA:
#Fale Comigo ~ E Eu Escutarei.
Fale Comigo Gentilmente ~ E Eu Responderei.
Fale Comigo Com #Honra ~ E Eu Posso Me Tornar Seu #Amigo.
#drMM

www.twitter.com/DrMikeMurdock

— **TWISDOMS** de Mike Murdock —

TW522 VOCÊ...
#Deus Lhe Fez Como Você Era.
Você Se Tornou... O Que Você É.
Agora... Você Pode Se Tornar... Qualquer Coisa Que Você #Admire.
#drMM

TW523 3 ZONAS_de_#CONFIANÇA:
1. #Cuidado... (Mãe)
2. #Competência... (Cirurgião)
3. #Caráter... (Companheiro) (a)
#drMM

TW524 #CONVERSA:
Revela...
~ Se O Meu Conforto É Importante.
~ Por Quanto Tempo Eu Gostarei de Estar Na Sua Presença.
~ O Que Você Considera Importante.
~ Percepção da Minha Pessoa.
#drMM

TW525 CONVERSA_de_APRENDIZES:
Investir Com MUITO Cuidado...
~ Sua #Energia
~ #Conversas
~ #Dinheiro

www.twitter.com/DrMikeMurdock

— O MANUAL DOS TWEETEIROS —

~ #Tempo
~ #Conselhos
(Eu Me Arrependo de 50% dos Investimentos Que Fiz)
#drMM

TW526 VOCÊ:
Você Não #Decide O Que Você Precisa... Você #DESCOBRE O Que Você Precisa.
#drMM

TW527 CONVERSA_de_SOLTEIROS:
Quando Você Me Explicou O Que Você Precisava... Percebi Que Não Era Eu.
#drMM

TW528 #RELACIONAMENTOS:
Aqueles Que Lhe Ouvem... Deveriam Ser Os Únicos A Estarem PERTO de Você.
#drMM

TW529 CONVERSA_de_SOLTEIROS:
#Se Você Sabe Escutar... Uma #Conversa Frequentemente Revela O Suficiente.
#drMM

www.twitter.com/DrMikeMurdock

— TWISDOMS de Mike Murdock —

TW530 #CONVERSA:
O Que As Pessoas Dizem Não Me Incomoda; O Que Elas Dizem... Me Agita.
#drMM

TW531 #CONVERSA:
O #Pai Nunca Planejou Que Você Fosse #Bem Sucedido... Sem Conversas CONTÍNUAS Com Ele. (Dt. 4:34)
#drMM

TW532 #CONVERSA_de_"Twitter":
Às Vezes Eu Sigo Alguém Interessante... Apenas Para Descobrir Que Eles Estão Indo À Algum Lugar Que Eu Não Iria.
#drMM

TW533 #DESTINO:
O #Inferno É A Prova de Que O Destino... *É Puramente Opcional.*
#drMM

TW534 #MENTORADO:
Esgotamento: É Tentar Colocar Um Copo de #Conhecimento... Em Uma Mente do Tamanho de Uma Colher.
#drMM

www.twitter.com/DrMikeMurdock

— O MANUAL DOS TWEETEIROS —

TW535 #PERGUNTA:
#Deus Está No Controle..!!!!
de Que ..?
#drMM

TW536 #DECEPÇÃO:
Aos 24... Eu Confrontava Os #Mentirosos.
Aos 64... Eu Simplesmente Os Identifico.
(Nunca Diga Aos Ladrões Onde As Câmeras de Segurança Estão.)
#drMM

TW537 QUEM #Deus Controla É Diferente... de O QUE Ele Controla.
Ele Jamais Tomou Uma #Decisão Humana.
#drMM

TW538 #DESTINO:
Se Tudo É Predestinado...
...#Obediência Não Gera Nenhuma Mudança.
...#Sabedoria É Desnecessária.
...#Oração É Inútil.
#drMM

TW539 #MOMENTOS:
Não Apresse O #Momento Presente... Lhe

— **TWISDOMS** de Mike Murdock —

Custou Uma Vida Para Chegar Aqui.
#drMM

TW540 # O AMOR É... Qualquer Coisa Que Você Não Consiga Viver Sem.
#drMM

TW541 #CONVERSA_de_SOLTEIROS: #O Amor É... BONDOSO.
(Comentários Adicionais / #Conversação / Explorar O Assunto... É Desnecessário)
#drMM

TW542 #IMAGINE:
... Se Você Dominasse A Arte de Receber... Como Você Domina A de #Dar.
... Se Cada Semente Que Você Semeou Fosse Em Terra Boa.
#drMM

TW543 #O AMOR É... Uma #Atribuição Divina.
#drMM

TW544 #O AMOR É... Descobrir Onde Investir Sua #VIDA.
#drMM

www.twitter.com/DrMikeMurdock

– O MANUAL DOS TWEETEIROS –

TW545 #A_LEI_do_RECONEHCIMENTO: Você É Como Uma Árvore de Natal... Onde A Maioria dos #Presentes Que Deus Te Mandou Permanecem Fechados.
#drMM

TW546 #PERGUNTAS:
Você Já Calculou O Preço das Perguntas Não Respondidas?
~ Quem Você Poderia Ter *Amado?*
~ Quem Você Deveria Ter *Confiado?*
#drMM

TW547 CONVERSA_de_SOLTEIROS:
Falando do #Coração: O Amor É Muito Glorioso... Para Ser Ignorado.
Celibato... Pode Não Ser Natural.
(Quando Há Ansiedade)
#drMM

TW548 #RELACIONAMENTOS:
Se Eu Continuar Evitando Pessoas Negativas...
#Quem Vai Orientá-las..?
#drMM

www.twitter.com/DrMikeMurdock

— **TWISDOMS** de Mike Murdock —

TW549 POR QUE... Você Não Está Perseguindo O Que Você Realmente Deseja..?
#drMM

TW550 Eu Estou Tentando, Com Todas As Minhas Forças... Entender A #Paixão E O #Objetivo Daqueles Que Odeiam Os Ensinos Sobre #Prosperidade.
(É A Pobreza Que Preenche?)
#drMM

TW551 QUE PARTE da #BÍBLIA... Você Decidiu Não #Acreditar?
(Isso Pode Estar Ligado Ao Que Está Faltando Em Sua Vida.)
#drMM

TW552 CONVERSA_de_#SOLTEIROS: #Cuidar... Não É Uma Instrução Para Se #Casar Com Alguém.
Cuidado... É Muitas Vezes Uma Instrução Para Interceder.
#drMM

TW553 Eu Estou Tentando, Com Todas As Minhas Forças... Entender Porque O Cristão

– O MANUAL DOS TWEETEIROS –

Que É Anti-Prosperidade Não Tem A Mesma Raiva Para Com A Pobreza ~ Bebidas ~ Drogas.
#drMM

TW554 A COISA MAIS PRÓXIMA A SATANÁS... É Geralmente Um Cristão Equivocado.
#drMM

TW555 QUERIDA #IRMÃ: Conheça Primeiro O Que Está No Coração Dele... Antes Querer Estrangulá-lo.
#drMM

TW556 #PROTOCOLO: Nunca Entre... Sem Ser Convidado.
#drMM

TW557 #O AMOR É... Descobrir Onde Investir A Sua #VIDA.
#drMM

TW558 #PROSPERIDADE:
... É A Ferramenta dos Sonhadores
... É Uma Arma Para Os #Guerreiros

... É A Recompensa Por #Honrar As Leis Divinas
(Dt. 28)
#drMM

TW559 #DEUS...
Qual É A Parte de Deus Que... Você Já Experimentou?
Qual É A Parte de Deus Que... Você Ainda Não Experimentou?
Nunca Discuta O Que Você Não Conhece.
#drMM

TW560 #PROSPERIDADE:
~ É Ter Provisão Suficiente
~ Para #Obedecer A Uma Instrução Divina
~ Para Completar O Seu #Desígnio
#drMM

www.twitter.com/DrMikeMurdock

DECISÃO

Você Quer Aceitar A Jesus Como O Salvador da Sua Vida?

A Bíblia diz: "Se, com a tua boca, confessares ao Senhor Jesus e, em teu coração, creres que Deus o ressuscitou dos mortos, serás salvo", (Romanos 10:9).

Repita a seguinte oração com toda sinceridade:

"Querido Jesus, eu acredito que morrestes por mim no Calvério e que ressuscitastes ao terceiro dia. Eu confesso que sou um pecador e que preciso do Teu amor e perdão. Entra no meu coração, Jesus! Perdõe os meus pecados! Eu quero receber a Tua vida eterna. Confirme o Teu amor por mim com o derramar da Tua paz, felicidade e o amor sobrenatural para com os outros. Amém".

DR. MIKE MURDOCK

é tremendamente solicitado nos Estados Unidos, como um dos oradores mais dinâmicos do nosso tempo. Mais de 17.000 audiências em 100 países assistiram às suas Conferências e Reuniões. Mike Murdock recebe centenas de convites de igrejas, colégios e corporações de negócios. Ele é um autor notório com mais de 250 livros escritos, inclusive os best-sellers: Os Segredos da Liderança de Jesus e Os Segredos do Homem Mais Rico do Mundo. Milhares assistem o seu programa de televisão semanal, Chaves de Sabedoria com Mike Murdock. Muitos freqüentam as Escolas de Sabedoria que ele apresenta nas cidades mais importantes dos Estados Unidos.

❏ Sim, Mike! Hoje eu fiz uma decisão para aceitar a Cristo como o meu Salvador pessoal. Por favor, me envie o presente do seu livro "31 Chaves Para Um Novo Começo", para ajudar com a minha vida nova em Cristo.

NOME _____ DATA DE NASCIMENTO _____

ENDEREÇO _____ CIDADE _____ CÓDIGO POSTAL _____

PAÍS _____

TELEFONE _____ EMAIL _____

Envie pelo correio o formulário completo para o seguinte endereço:
Centro de Sabedoria • 4051 Denton Hwy. • Ft. Worth, TX 76117
Telefone: 1-817-759-0300
Você Vai Amar Nosso Website..! www.WisdomOnline.com